溝口常俊

生き延びるための地理学

東日本大震災 被災地で考えたこと

風媒社

本書関連の三陸主要訪問地

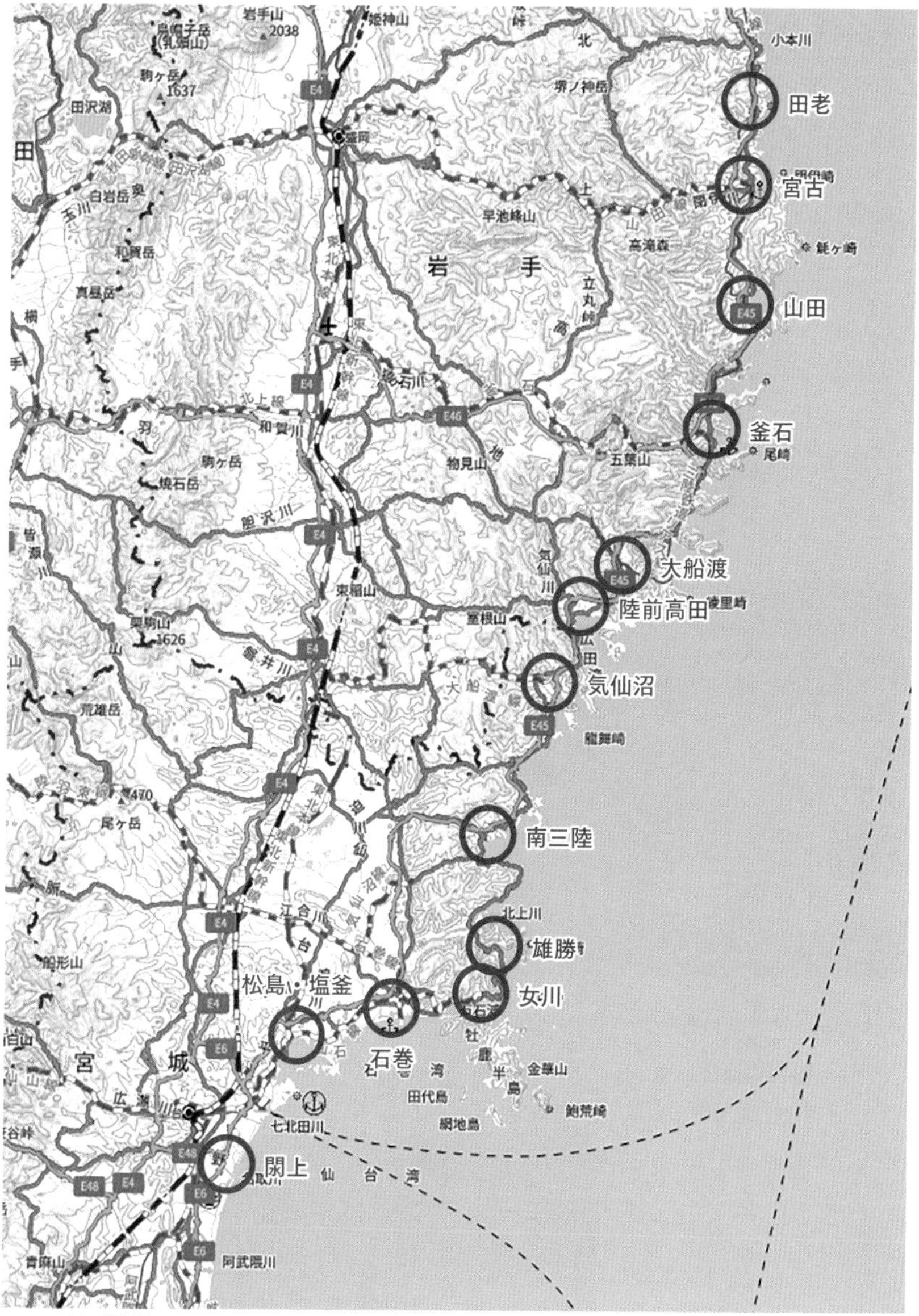

地理院地図 Vector

THE TIMES OF INDIA

TALE OF TWO TSUNAMIS
Japan 2011 & Indian Ocean 2004

EPICENTRE
2011 | Migayi Prefecture, Japan
2004 | West coast of Sumatra

MAGNITUDE
2011 | 8.9 (biggest ever earthquake recorded in Japan)
2004 | 9.0

ENERGY RELEASED
2011 | 22,533 times; 12m high waves
2004 | 31,671 times; 24m high waves

CASUALTIES
2011 | 300 and rising
2004 | 300,000 approximately

DEPTH
2011 | 24km underwater
2004 | 30km underwater

COUNTRIES AFFECTED
2011 | Warning for over 50 countries
2004 | 20 countries

NEWS DIGEST

FM announces ₹2370 cr bonanza for MPs

Finance Minister Pranab Mukherjee announced a Rs 2,370-crore bonanza for MPs by raising allocations under MPLAD scheme from Rs 2 crore to Rs 5 crore, even as he expressed concern over inflation.

India gets aggressive against piracy: To enable the Navy and Coast Guard to operate "much more aggressively" against pirates, new rules will now allow Indian warships to engage or disable pirate ships in "a far more pro-active manner".

● Toll 1,000 And Going Up ● Tsunami Alerts In US And South America

Sea Rises, Japan Quakes

CBI quizzes Kanimozhi, Karuna's wife on 2G scam

ED red-faced as Hasan Ali walks free

FIFTH WORST QUAKE

COUNTRY ON BLINK

TSUNAMI ALERT

TRAIN, SHIP MISSING

「THE TIMES OF INDIA」(2011.3.12)

閖上《ゆりあげ》中学の玄関の奥の校庭に船が流されていた。時計は地震発生時の午後2時46分のまま(2011.6.12)

宮古市田老町の巨大堤防。この堤防の2、3m上を横一直線の津波が乗り越え、手前の町を飲み込んだ(2011.11.6)

気仙沼の湾から数百メートル内地（鹿折唐桑《ししおりからくわ》駅近く）に打ち上げられた巨大船（2012.11.11）

陸前高田のガソリンスタンド標識上の矢印があり「津波水位 15.1M」とある。正面の山を削り、パイプで土を運んで数メートルのかさ上げ地を造成中であった。景観を破壊してまでして造成する意味はどこにあるのだろうか。同規模の津波に襲われたら確実に水没してしまう。（2015.3.25）

陸前高田の湾沿いに建設中の巨大堤防（2018.6.13）
ああ、海が見えなくなる。

津波をくいとめた松島の島々（2022.10.31）

家が流されても借宿を提供するヤドカリ（久慈市のまちなか水族館にて、2015.3.22）

「復興へ　頑張ろう！　みやぎ」

仙台空港（2011.6.5）

はじめに

２０１１年3月11日午後2時46分、東日本で大地震が発生。その数十分後、三陸地方に大津波が押し寄せた。

その日、私はインド北部ウッタル・プラデッシュ州の州都ラクナウの友人宅にいた。テレビで、大津波が名取市海岸に押し寄せ、海上に浮かんだ船と家が火災で揺れ動いているのを見て驚いた。翌朝の新聞（THE TIMES OF INDIA）の第一面には海上火災風景写真とともに、葛飾北斎の富士山にせまる波の版画が載せられていた。

富士山を愛でる大波という美しき版画のイメージしかなかったが、インドの新聞で、葛飾北斎は「津波」を描いていたのかと知らされた。江戸時代、神奈川県・静岡県は何度も大津波に襲われているので、その恐怖を北斎も知っていたのだろう。北斎の原図では高波は左半分に描かれ、中央に富士山があるが、新聞では高波は右で、富士山は消えている。津波は寄せ波以上に引き波が怖いといわれているので、引き波によって、富士山も呑み込まれて姿を消してしまったのであろうか。

われわれは北インドでの定期市調査を終え、２日後に帰る予定であったが、調査仲間の土屋純氏は仙台市に新婚早々の奥様を残してきたこともあり、即帰国を勧め帰っていただいたが、翌日にわれわれとニューデリー空港で再び出会ってしまう。香港経由の成田行の便が入手できなかったからという。当初の帰国予定の日の便はよかったが、日本についてからの仙台便はなく、山形を経由して1日遅れでなんとか帰ることができたそうだ。奥様も無事でよかった。

私は名古屋に帰り、東北被災地見舞いに行かねばと思い、同年6月と11月に出かけた。仙台の街自体は多少の被害で済んだものの、三陸海岸のすべての町村が壊滅的な被害を受けており、少しでも被害対策に協力できないかとの思いが強くなった。

三陸への訪問当初、よそから来たものが、被災された方にお話を聞くなんてできないと控えていたが、道中で出会った初対面の方々が、気前よく話しかけてくださったこともあり、その後の訪問時に農家や漁民の方、お寺のご住職など、多くの方々から貴重な話を聞かせていただいた。

3・11以後、多くの新聞やテレビ報道があり、震災の記録や災害対策に関する書物も数多く出版された。災害知識が豊富になったものの、こうした防災対策でいいのだろうかという疑問も少なからず湧いてきた。

専門家の方々が「想定外」との言葉でことを済ませる、それでいいのか、という思いが強くなった。それを乗り越えて発言するのが本書の意図でもある。逆説的に言えば「想定外」の発想をして、地震、津波対策をしてみようという試みである。

現地で被害に遭われた方々の身になって如何に将来を構築していくかを考えるとともに、現地訪問をより重視して地理学を活性化したいという思いもあり、本書のタイトルに「生き延びるための」という言葉を付けた。

以下、本書では、いきなり提言をするのではなく、現地巡検時にさまざまな発想が生まれることになった風景描写を日記風に順をおって記載することにした。各章のタイトルには訪問時の主要発想事項を付け、副題に訪問年月を示した。

また、本書の文書中で、三陸訪問中に出会った「勇気づけられる言葉」と「伝えたい言葉」についてはゴチック体にして強調しておいた。

生き延びるための地理学——東日本大震災 被災地で考えたこと◉目次

第1章

「想定外」で考えをやめてはいけない

——仙台から石巻へ　2011年6月

図1　青いビニールシートをかぶせてある家々

(1) 東北新幹線内での励ましのメッセージ

——冊子『トランヴェール』より

2011年6月2日、今、東北新幹線MAXやまびこで仙台に向かっている。午前11時過ぎ、うたたねからさめたら、屋根には青いビニールシート。郡山手前から車窓越しの民家のいくつもが屋根瓦が崩れ落ちたのであろう、修復ままならぬまま、ビニールシートがかぶせてある(図1)。3・11の大地震被災地、東北。そのエリアに、仙台に着く1時間も前から入ったのか。

この現地視察旅行は、勤務校の名古屋大学の新学期が始まって早々、授業が休講となって比較的時間がとれる名大祭の期間(6月2日~5日)に行こうと計画していたものである。3・11当日、北インドの定期市調査に入っていた仲間に土屋純氏（当時宮城学院女子大学、現関西大学教授）がいて、氏の実家、大学、そして三陸海岸一帯が大変だと知り、その見舞いも兼ねて出かけることにしたのである。

車内で「感じる旅、考える旅」と銘打った車内冊子「トランヴェール」2011年6月号を手にすると「共に。～東日本、明日へのメッセージ～」という特集が組まれていた。東北の今を知るために、その中からから励ましのメッセージを拾ってみた。

角田光代「遠野の旅」：この旅で出会った方々は、みな開口一番に「**こんな寒いところによくきたね**」と笑って言って、あたたかく迎えてくれた。旅したのは冬だったのだが、今思い出して、寒かったという印象がないのは、きっとあの旅で会った方々のおかげだろう。

高橋克彦「心の文化の復興」：この江戸のシステムは今の被災地の復興にもそのまま通用する。モノの文化から訣別し、**心の文化に重点を置いた新しい故郷作り**をするのである。電気だけに頼っていた町を復旧すれば、いつまでも同じ心配を持ち続けることとなる。

佐藤賢一「静かなる東北」：事実、東北は今回の大震災でも、その静けさで世界に驚嘆されている。これだけの災害なのに、大きな声で泣くでも、騒ぐでもなく、粛々と目の前の作業に徹している。……**静けさは生き抜くための知恵**なのである。いいかえれば、東北の静けさは強さだ。その強さで堅実に日々を守る。よほどの不幸に見舞われても、その強さで取り戻す――波風ひとつ立たない、つまらないほど静かな日々をこそ、必ず取り戻してみせるのだと、それが我ら東北人のプライドである。

林 望「東北の野山をゆけば」：いままでずいぶん旅を重ねてきた。陸奥湊の町は魚の臭いがした。……岩手では遠野にも行った。河童淵をいくら覗いても河童は見当たらなかった。……みな忘れ難い。こういう無名の場所へ、しかしとっくりと**心に沁みてくるような旅**を私は愛する。

池内 紀「河口の風景—石巻」：そのころ「日本風景論」というテーマにとりくんでいた。岬や盆地や峠や沼といった特色のある地形をとりあげて、日本の風景をたどっていく、しかつめらしく論じたりしないで、**足で歩き、目で見て、五感でたしかめ**、その報告を論に代える。

松村友視「最後の砦」：あの3月11日から、大地震、大津波、原子炉問題の不安、さらに刻々の地震、そしてまた強い余震と一向に先行きの見えぬ対策などが報じ続けられつつ、かなりの時が過ぎようとしている。そのあげく強く感じたのは、**最後の砦はやはり人間そのも**

のであるということだ。

震災で家族を失ったり、会社や家を流された方々と私をとても一緒にできないが、心に響く何かに出会ったら、その力を存分にもらうことは悪くないように思う。

(2) 塩釜神社と瑞巌寺──津波を弱めた松島の島々と聖地論

新幹線で仙台に到着した6月2日午後の訪問地は松島。日本三景の一つ松島は、その数々の島が津波をくいとめてくれたことにより、被害が最も少なかったところである。津波の痕跡を確認する前に、犠牲になられた方々のご冥福を祈るため塩釜神社で礼拝し、瑞巌寺で合掌することにした。

かつて石川県輪島の朝市で市姫(ご神体は麦をひく石臼)に出会い、隠岐で由良姫神社が通称イカ神社であることを知ってから、「食」に関わる神社に興味をもつようになってきた。それゆえに、塩釜神社は以前からぜひ訪ねてみたかった神社の筆頭であった。そのための挨拶も兼ねていた。

202段の石階段を登ると(実際は車でズルをしたが)、そこに社殿があった、昭和23年生まれは「八方塞がり」と出ていたので、賽銭を入れ、深々と二礼二拍一礼をおこなった。お守りも買い、塩も買った(図2)。これだけ尽くせば一方くらい道をあけてくれるであろう。

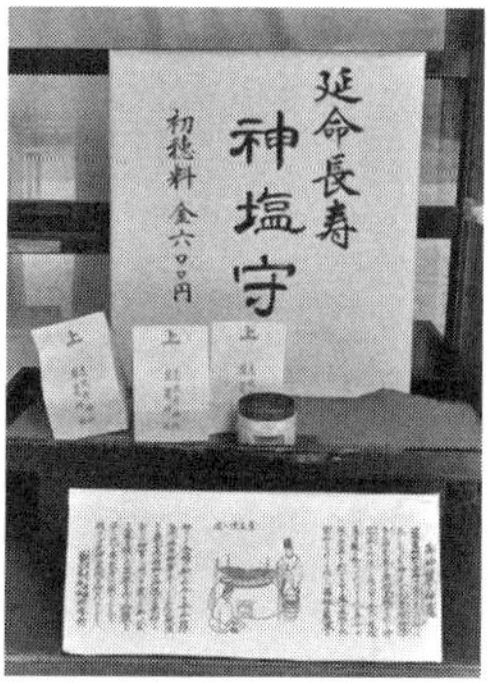

図２　神塩守

図３　煎熬（せんごう）用平釜

さて、神社の由来も少々調べてみよう。購入した『塩竈・松島』（編集発行：瑞巌寺・志波彦神社・塩竈神社・東北歴史博物館、2008年）によると、「はじまりは謎に包まれている」とある。『延喜式』905年に記されており、平安時代中ごろの『左経記』1017年には陸奥国で唯一、朝廷よりの神宝奉納に預っている。それなのに、「神名帳」に記載がみられない。そこが謎らしい。近世に入り、伊達領となり、1600年（慶長5）に政宗により寺社の修復開始、4代藩主綱村により『塩竈神社縁起』が作成される。この縁起に製塩の記載があり、四口の鉄製平釜が、境外末社の御釜神社に奉安されており、塩釜という地名の由来になっている。神事と祭り：最も重要なのが7月10日の例祭「御出幣式」。3月10日は「帆手祭」：1682年（天和2）開始、4月第4日曜の「花まつり」：1778年（安永7）開始。7月海の日の「みなと祭」：1948年（昭和23）に開始。お神輿が松島湾を海上渡御。

塩釜神社本社にも釜がないはずがない、と思い探したら、鳥居の外にあった（図3）。

図４　松島と象潟は夫婦町です

その説明板を読むと、こうある。「煎熬用平釜　この釜は石川県能登半島の揚浜式塩田で昔使われていたもので、濃い塩水（かん水）を煮て塩をとったものです」。太平洋側の塩竈からもっとも離れた日本海側の能登と交流があったなんて、**流通のロマン**ですね。

塩釜神社から松島にある瑞巌寺《ずいがんじ》へ。その門前で最初に目に留まったのが図４の立て看板「松島と象潟《きさかた》は夫婦《めおと》町です」であった。ここでも太平洋側と日本海側の交流だ。仲人は芭蕉であろうが、夫婦町というくらいだから、その絆は強い、はずだ。

清龍山瑞巌寺は、平安時代の初め８２８年（天長５）に慈覚大師円仁により開創された。江戸時代の初め伊達政宗が大伽藍を完成させた。本堂へは、平成の大改修（２０１６年まで）のため入れなかったが、宝物館には入ることができ伊達家の威光に触れることができた。

瑞巌寺の正門を出ると、津波を弱めた松島たちが浮かんでいる。雨交じりの天気であったが、間違いなく美しかった。その松島のひとつに五大堂（瑞巌寺の守護）の島があり、そこへは「すかし橋」が架かっている。足元をよく見て気を引き締めてお参りしなさいという意味をこめて、橋板が透かしてある（図５）。その五大堂が見える煎餅屋兼喫茶店に入ったが（図６）、入口のド

図6　煎餅屋兼喫茶店

図5　五大堂のすかし橋

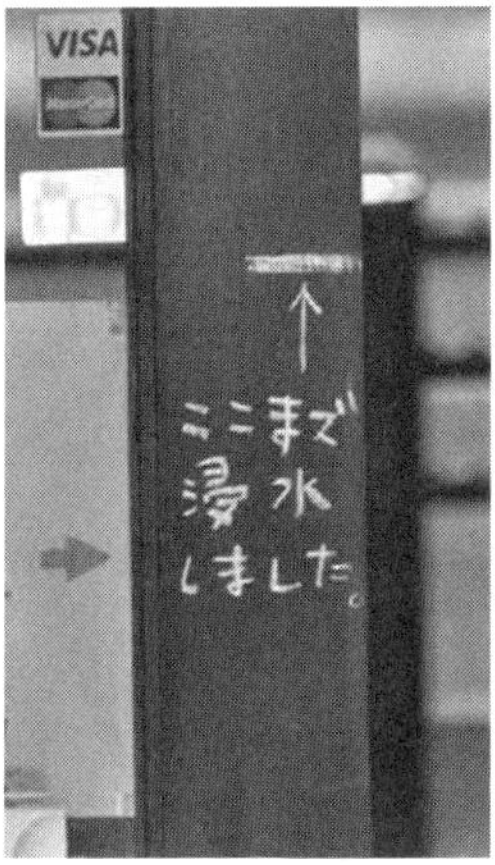

図7　浸水線

アには約1mの高さの所に「ここまで浸水しました」と記されていた（図7）。他のほとんどの海岸沿いの町村は数メートル以上、中には10mを超える津波が押し寄せたというから、松島の町は救われたといってよい。先の五大堂の説明板には「島全体が聖域とされている」とあった。「聖域」ゆえ津波も襲えなかったのであろう。

6月2日午後、瑞巌寺の宝物殿に入る。700円也。殿内で特別展示「松島展～霊場から観光の地へ」が開催されていた。日本三景と冠されるがゆえに、松島は風光明媚な観光地として日本国中に知れ渡っている。しかし、単なる観光地ではなさそうである。前述したように松島は聖域である。そして宝物殿で目にとまったのが「霊場」である。聖地・霊場からいかに観光地に変わっていったのか、それを学習する前に、前置きを少々述べておきたい。

5月中旬から、大学院生の有志が集まって論文作成のための自主ゼミを毎週水曜日の夕方におこなうことになった。昨日6月1日（水）の演者藤田悠吾君は、「ヒンドゥー教の聖地プシュカルの観光化」というテーマで発表した。そこで、聖地とは何か？　その範域は？　観光化の過程は？　等々が議論になった。その翌日に松島に来たため、「聖域／聖地／霊場」という言葉に過敏に反応してしまっていたのである。そのうえ、特別展示の標題に「霊場から観光の地へ」と、藤田君のテーマとまったく同じ題目が掲げられていたので、これはじっくりと見学せねばと思った次第である。

展示会の趣旨がパネルに記してあったので、それをカメラにおさめようとしたが、場内は撮影禁止であった。許可願いをだすのも気がひけたので、ここは一番、書き写すことにした。以下、その文面である。

寺伝によれば、828年（天長5）、慈覚大師円仁を開山とする松島最初の寺院・天台宗延福寺が創建された。鎌倉時代の中期、臨済宗となった円福寺を経て、1609年（慶長14）、伊達政宗公の瑞巌寺創建までの約800年間、松島は人々の信仰を集める霊場であった。海上に点在する島々が極楽浄土を連想させ、その景観と信仰の歴史故「奥州の高野」と称される。

また「歌枕」の地として古来より都に知られ、松島を詠んだ数々の秀歌により、一層人々の旅愁を誘った。西行や能因を敬慕する松尾芭蕉が来松したのは1689年（元禄2）。その紀行文『奥の細道』の中で「扶桑第一の好風」と絶賛された松島は、その後多くの文人墨客の探勝を受け「日本三景」の一つとして、日本屈指の観光地へと発展して現在に至る。

このように、時代により松島に対する認識は変化する。かつて聖なるもの、信仰の対象とされた景観は、美しい景色を楽しむ遊山・旅行の目的となった。残された資料を見ても、中世までは仏像や仏画・板碑等宗教的なものがほとんどであるのに対し、江戸期からは絵画・文芸等実に多様な作品がみられる。

今回は、松島の歴史と景観から生み出されたこれらの資料をもとに、古代から近代まで、時間の旅を楽しんだ。どうも、聖地には「極楽浄土」たる安らかさが必須ではないか、と思った。そう思いながら松島展をまわっていると、「仏涅槃図《ぶつねはんず》」に出会った。その説明を書き写した。

釈迦がアリラバッタイ河畔クシャの森のサラ双樹の下で涅槃、即ち臨終を迎える場面を描く。頭を北に向けて横臥する釈迦をとりかこんで大勢の比丘（僧）、在俗者、護法善神のみならず、鳥獣虫類までが泣き悲しんでいる。

その一方で、霊場松島の中心地雄島は、「**心すごきところ**（気味悪く、恐ろしい）」で、今も火葬骨片が散乱し、霊場としての面影が残る。

これを読むと、聖地とはただ心安らかなところだけでなく、心すごきところをも有していないといけないのではないか、と思った。

(3) 石巻実習報告書——完膚なきまでに叩きのめされた23人の調査地

今回の被災地訪問に際して参考となる貴重な報告書を、われわれ名古屋大学地理学教室は発行していた。文学部地理学講座は必須単位として、2、3年生全員が毎年4泊5日で愛知県外のどこかへ出かけるという野外実習を設けている。今年は9月末に鹿児島行きが決まったところだが、11年前は「石巻」であった。

報告書『1999年度地理学野外実習報告　石巻』(2003年3月) の目次を示しておこう。

第1章　自然環境
・北上川下流低地北部の古環境 (阪野ひろみ)
・成瀬川下流域の地形発達 (藤川洋平)
・内湾海岸域におけるマクロベントス群集の多様性からみた底質環境——宮城県万石浦及び松島湾にて (鈴木豪)

・海跡湖の形成と環境変化（梶浦恭平）
・浜堤列における土壌の断面形態――石巻平野の例（鈴木よし子）
・チリ地震津波における志津川町・歌津町の被害状況及びその対策（前田章輔）

第2章　地域構造とその変容
・谷地の開発と新田集落（平松孝晋）
・地名から見る地域史――宮城県旧迫河流域の場合（中山洋介）
・宮城県桃生郡河北町における里山の利用（加藤豊弥子）
・石巻市における都市計画と市街地の形成（荒井文子）
・小売業店舗の立地から見た石巻市の地域構造（田崎誠玄）
・石巻市における小学校環境の地域性――地域住民による小学校利用の視点から（太田啓介）
・塩桃生郡雄勝町における過疎化（鈴木允）
・塩竈神社・御釜神社の信仰――塩との関わりを中心に（田中倫子）
・金華山信仰――牡鹿町鮎川地区の漁業関係者を中心に（丹羽里菜子）

第3章　産業と地域振興
・石巻地区における漁業合併（山本真一郎）

・日本三景松島の現状について（瀬戸口絵美）
・内発的発展論による地域振興の課題と可能性――宮城県牡鹿町を事例に（森田匡俊）
・雄勝町における硯産業の変容と産地の対応（渡辺彰子）
・石巻の製造業と地域開発（伊藤裕美）

第4章　地域住民の生活行動
・石巻市における消費者購買行動（井堂絢子）
・宮城県江ノ島における島民の購買行動（斉藤大地）
・漁村女性と漁業の関係――宮城県牡鹿町鮎川地域における聞き取り調査より（渡辺懇）

今、この原稿を仙台からの帰りの新幹線の中で書いている。今回訪ねた被災地（塩釜、松島、雄勝《おがつ》、女川《おながわ》、石巻、仙台空港、名取、閖上《ゆりあげ》、仙台港、東松島……）で、その惨状を思い知らされたが、その経験から100％言えるのは、11年前の地理の学生さんたちが丹精をこめてレポートしてくれた上記の諸地域が100％完膚なきまでに叩きのめされているという事実である。

上記第1章で前田君が調査した志津川町と歌津町は2005年に合併して南三陸町となった町で、新聞、テレビ、YouTubeで、最も生々しく報道された町である。前田君は合併前の二つの町のチリ地震津波（1960年）での被害状況の違い（死者：志津川町40人、歌津町0人）を、その前に起こった1933年（昭和8）津波（志津川町：軽度の被害、歌津町：重度の被害）以後の津波対策の違いと関連づけて考察している。歌津町は沿岸部に住宅を建てないようにしていたし、津波が押し寄せる予兆の引潮にも注意を払っていたが、志津川町ではそうではなかった、という。

今回、隣同士の旧両町の被害の差は不明だが、実際はどうであったろうか、調べてみたい。1896年（明治29）の三陸沖地震まで遡らなくても、昭和になってからも上記のように津波体験をしており、その対策は万全なはずなのに、今回の津波では想像を絶する被害が出た。5月22日の「朝日新聞」によれば、南三陸町：町民約1万8千人のうち約4030人避難。514人死亡。約660人行方不明。住宅約3880棟全壊、とある。

今後の災害復興プランで、すべての人を高台に住まわせるわけにはいかないであろう。万里の長城のような堤防をつくるわけにもいかないであろう。知恵を出し合って考えていこう。

（4）雄勝・女川・石巻――墓の上にまで流された車

10時に仙台市内のホテルを出て、奥貫圭一先生らと三陸自動車道にのって雄勝町を目指した。仙台を抜けて塩釜あたりから地震による家屋の傾き、屋根瓦の破損、それに津波の痕跡が目に入ってきたが、声をあげるほどではなかった。水田も田植えが終わった直後で、塩害の影響は感じられなかった。ところが高速道路を桃生豊里ＩＣで下りて、山間集落を抜け、北上川（追波川）右岸を走り出したら、道路はところどころ沈み、ひび割れもあり、路肩には土嚢袋がつまれ

図８　流された鉄橋

図９　鉄橋が流された新北上大橋

ており、これは相当やられたな、と実感した。河原には流木と転覆した船、水面には鉄橋の残滓（図8）。しばらく走るとそれが新北上大橋の鉄橋の一部であることがわかった（図9）。この近くの大川小学校で惨劇がおこった。津波により全児童の7割近い74名が死亡・行方不明となった。学校から約200m離れた堤防道路に避難するために移動中であったという。この堤防道路より高い鉄橋が流されるくらいだから、たとえ堤防に辿り着けたとしても、助からなかったであろう。校舎の裏山に駆け上がった児童は助かっており、避難誘導の差が明暗を分けたといえよう。

北上川に別れを告げ、398号線沿いに山中に入る。他県ナンバーのパトカーや緊急復旧工事車とすれ違う。釜谷トンネルを越えた道路沿いには救援隊のキャンプサイトがあった。

しばらくして雄勝町に入ったら、そこは地獄絵図そのものであった。道路の整備がなされていたので、われわれは車を走らせることができたのだが、住宅部分は壊滅状態で瓦礫の山と化して

図10　雄勝町中心部、流された記念碑

図11　雄勝町郵便局

いた。根こそぎえぐり取られた土地区画整理事業完工記念碑（図10）には、皮肉にもこう彫られていた。

「復興と災害防止のために本地区は、本町の中心地に位置し、古くから硯産業や遠洋漁業の基地として発展してきましたが、昭和三十五年五月二十四日、チリ地震津波の襲来により、現市街地の大半が壊滅的な被害を受けました。この区画整理事業は、その復興と、予想される天災の未然防止のため、計画され実施されたものです。…平成十一年三月吉日　雄勝町長山下壽郎」

津波予防の記念碑まで建て、津波対策がなされていたにもかかわらず、今回の津波にはなすすべもなかった。郵便局も無残であった（図11）。

雄勝町に別れを告げ、海岸沿いをしばらく走ると、女川町の半落ちの「歓〇」標識に迎えられた（図12）。生半可な気持ちでは入ってこないでほしい、ということか。

そして、またもや地獄絵図。雄勝より町域が広い分だけ地獄が広がっている。11年前の199

図12　女川町の半歓迎標識

図13　女川町湾岸部

図14　江島の集落（1999.8.3）

9年8月に女川町からフェリーに乗って江島《えのしま》まで出かけたので、その港を探したのだが、湾岸一帯は崩壊していて（図13）、見つけることができなかった。

江島（図14）は女川港からフェリーで25分、面積0・36㎢の小島で、1999年当時、70世帯、149人で40歳以下が2％という高齢者社会であった。波止場から急斜面（図15）を20mくらい上ったところに郵便局があり、そこでお話を伺ったことをよく覚えている。小さな雑貨店が一軒あったが、食料品のほとんどは女川のスーパーから取り寄せているとのことであった。そこが郵

図15　江島の波止場からの急階段
（1999.8.3）

図16　石巻市標識

便局と共に交流の場になっていた。島に医師は不在であったが、女川から随時訪問診療があり、急患の場合は高速船かヘリコプターで女川町立病院に運ばれるので、独り暮らしのお年寄りでも安心して生活できる島であった。住民の家は高所にあるので、今回の2011年の津波で流されることはなかったが、しかし若者のいない過疎化の波には勝てていないだろうとの思いから、ぜひともお見舞い方々出かけたかった。

図17　ガソリンスタンドに流された家

さて女川を後にして、海岸沿いを半時間ほど走って石巻の市街地に入った。石巻駅と市役所界隈および398号線沿いの建物は結構残っていたので、津波にも強かったのかなと思ったが、そうではなく、市町村単位での死者数は石巻市が最も多かった（6月5日の「朝日新聞」によれば、3025人死亡。女川町は488人死亡）。図16は石巻市の標識。津波のような標識が災いを招いたのかも。図17はガソリンスタンドに突っ込んだ家。図18はお

図18　墓の上に流された車

図19　石ノ森萬画館

墓の上の車。瓦礫撤去の作業は遅々として進んでいない。せめてお墓の上の車くらいは早く除けてあげたい。図19は石ノ森章太郎の石ノ森萬画館。ここはビクともしていない。マンガが石巻を救うことになると思う。

千年に一度という大津波に被災された方が、元の場所に帰り、千年に一度の津波が来ても大丈夫という居住地を早急に創建せねばならない。

(5) 東北大学エコラボ —— Think globally、Act locally

昨年の2010年7月16日に「国立大学法人大学院環境科学研究科長等会議」が筑波大学で開催され出席したが、次年度は名古屋大学が会場校だと聞き、気を重くして帰ってきた。筑波大学では15大学が出席し、議題は、①各大学の現状について、②環境国際協力について、③次回の本会議の開催について、の3件で、それに続いて内閣府官房審議官の講演「科学技術外交と環境人材育成」があった。

今年もこんな感じで開催しようと旧執行部で相談し、開催日を7月15日に決めておいた。ところが今回の震災で、順延せざるをえないであろうと新執行部で判断し、新年度早々関係大学にその旨連絡をした。5月に入り被災地の被害状況は悪化の一途をたどっていったが、多少落ち着くであろう秋には開催すべきだと判断した。その際、日程は東北大学の意向をお聞きして、決めようということになった。そこでこの度、東北被災地見聞に出かける機会に東北大学環境科学研究科研究科長にアポをとりお会いしてきた次第である。

図20　book + cafe BOOOK

6月3日、雄勝・女川・石巻巡検を終えたその足で、東北大学環境科学研究科に向かった。約束の時間の4時半まで少々時間があったので、工学研究科ビルの前のおしゃれな建物のbook + cafe BOOOK（図20）でくつろいだ。

東北大学環境科学研究科の教員数は名大環境学研究科の約半分であり、基幹講座名も異なるが、理念と目的は共通する所が多い。田路《とうじ》研究科長の挨拶文のタイトルがThink globally, Act locallyであり、文理融合型の視点から新たな学術分野を開拓するとともに環境対応型社会の構築に貢献できる先端的研究をおこなうことを研究の目的としている、とある（『東北大学大学院２０１１環境科学研究科』より）。

図21　エコラボ

田路研究科長にお会いして、日時は10月21日に決定。もう1点お願いしたのは、講演依頼である。名大での講演会は外部（内閣府、文科省等）からではなく、「震災」をテーマにして、東北大と名古屋大から演者を出してシンポジウム形式にしたいと申し出たところ、快諾いただいたばかりでなく、演者になることまでお引き受けくださった。20分の面談予定が1時間におよび、さらにその後、環境科学研究科の建物の隣に造られた木造2階建ての「エコラボ」（図21）に案内してくださった。

ここは地震の際ビクともしなかった。学内他の校舎がすべて停電となったが、ここは自家発電ゆえ不夜城で、多数の教員が集まって夜を明かした（酒盛りをしていた！）という。環境設計については、①自然換気：吹き抜けを利用して電気エネルギーを使っていない、②天窓からの採光とLED（Light Emitting Diode）使用、③調湿効果：ヌリカラット（INAX）使用、を特徴としているとの説明をうけ、太陽電池パネルから直流で蓄電するシステムを解説していただいた。

この蓄電装置を今回の震災地へもどんどん貸し出しているとのこと。バングラデシュでも使いたいと話したら、「どうぞ持っていってください」とおっしゃった。

最後に、もうひとつ感心したことは、小学生向けに、東北大学環境科学研究科の提案として、

『先取りしたい、2030年のくらし』という小冊子を震災後の活動のひとつとして発行を始められたことである。エネルギーや資源が十分に得られないときでも心豊かに暮らす方法が、①明かり編、②冷暖房編（以上、発行済み）、③食編、④あそび・くつろぎ編、⑤家のこと編、⑥外のこと編、の6編で、みな図入りで優しく語られている。

話は名大に飛ぶが、6月1日（水）午前11時からES（Engineering and Science）館（図22）の1階で完成記念式典があった。7階にノーベル物理学賞受賞者の益川敏英特別教授の研究室もあり、2階にはノーベル賞展示室、その下1階の玄関横にはフランス料理店が入っている。館内の全照明にLEDを取り入れたのは国立大では初めてと言われているが、前述の東北大のエコラボの方が早いと思う。

図22　名大ES館

さすが益川さん。話がうまい。「私が学生の頃はここでソフトボールをしていました」。この一言で引きつけられたが、「目下引っ越しの最中だが、若い学生さんたちが運び入れた荷物に埋もれながらも、はやくも机に向かって勉強している。この姿をみて、彼らが名大の新しい文化を作ってくれると確信しました」とエールを送られた。

私は、環境学研究科の先生方も入室されているので、研究科長として招待されたようだ。事前に、式典後に記念撮影がありますから、そのつもりで、と事務長に言われていたので、生真面目にネクタイを締めて正装で出かけた。ところが、ネクタイを締めていたのは私と益川さんだけであった。総長をはじめ本部理事長らは、クールビズを励行していらっしゃった。しまったと思いながらも、いい思い出になった。

（6）仙台空港・閖上――天井破損の空港と2時46分で止まったままの閖上中学の時計

6月4日（土）、仙台駅近くのビジネスホテルでの朝食直後、名大環境学研究科の建築学講座の護雅史先生らと遭遇。雄勝町に出かけて家屋の倒壊状況を悉皆調査されるとのこと。雄勝町といえば昨日われわれが訪問したところではないか。現状をお伝えしておいた。

この日の朝一番で奥貫先生は仙台空港界隈を視察してから東京にもどられた。この間私は喫茶店で時間をつぶしていたが、午後早くに香川大学の村山聡先生と落ち合い、秋保温泉に直行した。仙台駅からは愛子行きのバスに乗り約30分。旅館「蘭」からお迎えの車が来ていて、約10分で到着。1泊2食付きで1万2千円。高いなと思いながら、東北にお金を落とさなくては、と自らを納得させる。どうしてこんなに客が多いのだろうか、と思うほど賑わっていた。中高年グループ、被災地救援客だけでなく、家族連れも多く、客層は多岐にわたっていた。温泉はいいし、食事も美味しく、疲れは十分とれた。**秋保は「あきう」**といい、**愛子は「あやし」**という。東北の地名は読めない。土屋氏が夜11時半到着。

6月5日（日）9時、土屋氏の自家用車で仙台駅に向かい、夜行バスで到着した渡辺和之氏と新幹線で到着した中村勝芳氏と合流し、近くのホテルの喫茶店で「南アジア定期市調査」の打ち合わせをする。そして巡検出発。まずは仙台空港に向かった。3・11の津波で空港1階が水没し、外の通路も屋根まで水が来ていた。その時撮影された写真が貼ってあった（図23）。外の通路を確認してみると、天井の破損残滓がそのままであった（図24）。倉庫の壁は火災にあったらしく黒こげの跡があった。

図23　仙台空港（2011.3.11、港内に貼ってあった写真）

図24　仙台空港（2011.6.5）

空港を後にして、第2の目的地閖上《ゆりあげ》に向かった。海岸近く一面の住宅地区であったところがほとんど流されていた。閖上小学校の近くの歩道橋から海岸方面の日和山《ひよりやま》富士という小山まで約1・5kmを歩いて行った。

歩いてすぐのところの右手に閖上中学校があった。門の中に水がはいったことはわかるが、門の中に船が見えたのには驚いた（図

25）。校門から校舎の中央玄関がトンネルのようになっており、その先が運動場で、運動場に船が津波で流されてきたままになっていた。

校舎に近づくと、壁時計が地震が発生した2時46分で止まったままだった。校舎に入り教室を覗いてみると、3月11日の痕跡がそのまま残っていた。3月11日は卒業式だったらしく、その日のスケジュール表がそのまま黒板に貼ってあった（図26）。黒板の右端には上から3月11日（金）

図25　閖上中学校

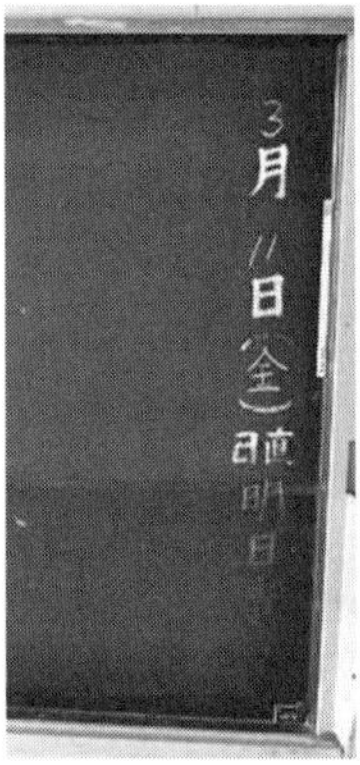

図27　日直 明日香と書かれていた

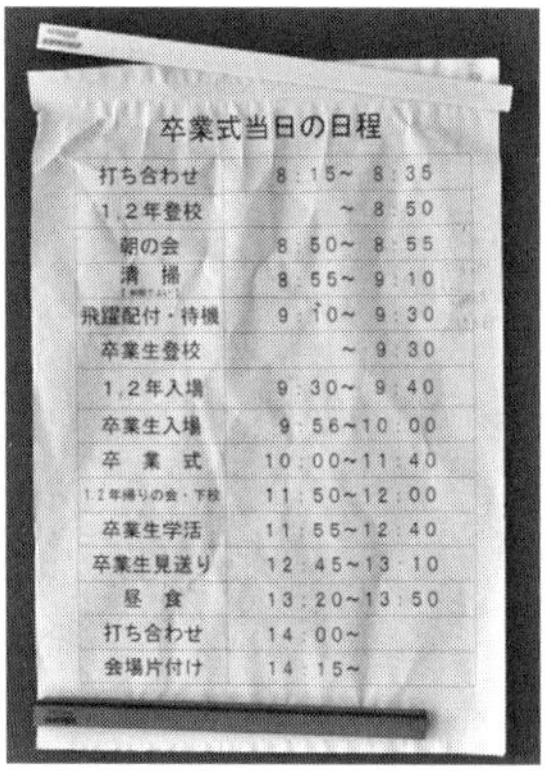

打ち合わせ	8:15~ 8:35
1,2年登校	~ 8:50
朝の会	8:50~ 8:55
清　掃	8:55~ 9:10
飛躍配付・待機	9:10~ 9:30
卒業生登校	~ 9:30
1,2年入場	9:30~ 9:40
卒業生入場	9:56~10:00
卒　業　式	10:00~11:40
1,2年帰りの会・下校	11:50~12:00
卒業生学活	11:55~12:40
卒業生見送り	12:45~13:10
昼　食	13:20~13:50
打ち合わせ	14:00~
会場片付け	14:15~

図26 卒業式当日の日程

とチョークで日付が書いてあり、その下に日直の「明日香」名がうっすらと残っていた（図27）。津波の水が「明日香」の上あたりで暫くよどんでいたものと思われる。

廊下もトイレも泥瓦礫のままであった。音楽室には楽器が散乱し吹奏楽の賞状が泥の中に顔を出していた。まさに卒業式の日、スケジュール表によると朝8時15分からの打ち合わせに始まって、10:00～11:40卒業式、12:45～13:10卒業生見送り、そして14:15～会場後片付け、となっている。とすると、学生たちは14:46の地震時は家についたころで、津波が来た15:55頃も家にいたであろう。中学校から海岸部に住宅地区が拡がっていたので、大半の学生は津波にのみ込まれたのではなかろうか。明日香さんは大丈夫だったろうか。

図28　寄波による破壊

図29　寄波と引波によるフェンス破壊

歩きながら考えた。津波の威力は押し寄せる寄波が強いか、あるいは引波が強いか。講義やテレビでは引波の強さが強調されて報じられている。ポツポツと残されている家屋を見る限り、海岸線に近い側の破壊が圧倒的に多

図30　日和山と瓦礫新山（左奥）

図31　日和山より東方を望む

かった。すなわち寄波で有無を言わさず押しつぶされた感がある（図28）。ところが中学校前の道路のフェンスは学校に向かって右側が右に倒れ、左側のフェンスは左側に倒れていた（図29）。寄波にやられ、それにかろうじて耐えたとしても引波にやられてしまったのである。

日和山（図30）は、閖上来訪者の見晴らしスポットになっており、大勢の人が入れ替わり立ち替わり祈りに訪れていた。山の上にあった慰霊碑2塔は寄せ波に倒され山下に落ちていた。山頂から眺めると360度廃墟（図31）と化し、瓦礫新山がいくつか誕生していた。

(7) 荒浜・仙台港・東松島——イグネに守られ、縄文君に元気づけられた

6月5日（日）午後は、名取市中心街で滅入った気分を取り戻すためにとんかつを食べてから、仙台市でもっとも被害が大きかった若林区の荒浜へ向かった。

途中で、一息つける歴史地理学巡検があった。土屋氏が、「長喜城《ちょうきじょう》のイグネ」を案内し解説してくれた。「イグネ」とは屋敷林のことで、日本三大屋敷林のひとつだそうだ。他の二つは、富山県砺波平野の「カイニョ」と、島根県出雲平野の「築地松」で、この二つは地理学の論文で取り上げられることも多く、私は訪ねたことがある。しかし仙台平野のイグネについてはまったく知らなかったので、いい勉強になった（図32）。NHKが2002年6月9日に「イグネ〜屋敷林が育む田園の四季〜」を放映したそうだ。土屋氏の解説の結論は、「この**イグネが津波から人家を守った**」であった。

図32　長喜城のイグネ

図33　津波警戒区域の案内板

荒浜地区も無残な爪痕を残していた。海岸近くに「津波警戒区域：津波が発生するおそれがある場合は津波警戒区域外や指定避難所に避難しましょう」とあった（図33）。少なくともこの地点から徒歩十数分以内には避難所らしき施設はなかった。仙台港には大きな船が陸に上がっていた（図34）。

2時46分の地震直後、宮城県は3時ちょうどに3mの津波が来ると警報を

図34　仙台港の陸に上がった船

図35　JR仙台線野蒜（のびる）駅

出した。これを聞いて住民は近くの避難所に駆け込んだが、3時になっても、3時10分になっても津波はこなかった。そこで安心して外に出たら、3時50分過ぎに信じられないような津波が襲ってきた。これによってかなりの人が犠牲になったのではなかろうか。日本近海で大地震が発生し津波警報が出た場合は、少なくとも1時間は避難所で待機していた方がよかろう。

　今回の巡検の最後の訪問地は東松島市。JR仙石線でいうと野蒜《のびる》駅。一見ダメージはなさそうだが、中に入ってみると柱は倒壊、トイレは泥まみれ、そして線路の上には家が流れついていた（図35）。ウロウロしていたら新潟県警の方（図36）に危険だから建物内に入らないでくださいと注意された。新潟から遠路応援に来てくださっているのか、と感心した。海岸の方に歩いて行くと、瓦礫の中にぺしゃんこになった車が何台もあった。松は塩害により枯れ始めていた。もう少し奥に入ってみようということで、奥松島の方へ車を走らせたが、家は傾き、船は転覆していて、キャッチフレーズの風光明媚にはほど遠かった。「祝入館者40万人達成」と記された奥松島縄文村歴史資料館に立ち寄ってみた。残念ながら館は閉じていたが、洞穴を住処としていた縄文君（図37）がわれわれを元気づけてくれた。

今回の巡検で最初に訪れたのが松島市で、そこはたいした被害はなかった。ところが半島一つ隔てた東松島市は壊滅的であった。松島湾には多数の島が点在して波の緩衝役を務めたのに対して、東松山市の野蒜海岸は、海水浴場の砂浜がつづき、石巻湾には島がないので、津波の直撃を受けたものと思われる。

図36　新潟県警からの応援

図37　縄文君

4泊5日の東北被災地巡検で、来る日も来る日も壊滅的な被災地を見せつけられた。復興に際してなんとか手をさしのばさねばと思う。千年に一度の大地震・大津波が明日来るかもしれない。その対策も併せて考えていきたい。

(8) 三陸地方の言い伝え——津波てんでんこ

三陸地方の言い伝えである「てんでんこ」を実践すべきであるという意見があった。皆が集まってから逃げたのでは助からないという津波体験から伝えられている、とにかく早くてんでんばらばらに逃げなさいという教訓である。教師の指示をまたず逃げた釜石東中学校の生徒は皆無事であった。

ところが石巻市の大川小学校では地震の後、校庭に集まって指示を待っていたため多数の犠牲者が出た。前者は海岸から1㎞、後者は4㎞。遠いから大丈夫というわけではなかった。ともに裏山がある。地震が来たらまず机の下にもぐり、揺れがおさまったら、一目散に裏山に駆け上がるという訓練が釜石東中では繰り返しなされており、生徒は条件反射的に行動したものと思われる。津波の危険性がある小中学校はこうした訓練をすべきであろう。

ここで、私見を述べる前に、吉野正敏筑波大学教授と木股文昭名古屋大学教授の論文を紹介しておこう。

吉野正敏「東日本大震災における津波による人的被害」地球環境 Vol.18、No.1、13-22 から、主要部分をメモ書きしておこう。まず、摘要と章のタイトルを示す。

摘要：2011年3月11日、東日本大震災が発生した。自然に対する被害・建物などの建造物に対する被害・人的な被害は莫大であった。本稿はそのうちの人的被害の実態、特に、日時の経緯とともに問題の内容・対象がどのように変化したかについて明らかにした。阪神・淡路大震災では建物の倒壊による圧死者・外傷性ショック死者が83・3％を占め、多かったのに比較して、今回の津波では水死者の比率が92・4％に及び、非常に多かった。さらに、伝承「津波てんでんこ」の意義とその考察、津波碑の存在など、津波対策意識の風化を防ぐ日常生活、初等・中学・高等教育における防災教育、避難訓練、大学・研究所などにおける津波被害に関連する研究課題、復興計画における人的被害の軽減対策などを展望し、将来の津波対策への諸問題をまとめた。

章構成：（1）初めに、（2）人的被害関連の言葉の定義・統計資料・これまでの研究結果など、（3）人的被害の状況―①年齢別・男女別の死者数、②日時の経過にともなう人的被害情報の変化、③人的被害内容・対象の日時の経過にともなう変化、（4）伝承「つなみてんでんこ」について―①2011年3月11日以前、②2001年東日本大震災後の対応、（5）人的被害の軽減対策―①小学校・中学校における防災教育・避難訓練、②防災教育・避難行動、③高等教育・研究プロジェクト、（6）おわりに

ここで、①津波の高さ、②つなみてんでんこ、について学ぶことがあったので、以下メモをとっておこう。

津波の高さ：海上または陸上における平均潮位面からの高度（海抜高度）。例えば、海抜２mの建物に10mの津波痕があった場合、津波高は12mである。
津波の浸水深：津波襲来時における津波の深さ（厚さ）。上記の事例でいえば10m。
津波の遡上高：津波が内陸に侵入し、丘陵斜面を駆け上がった限界到達地点の海抜高度。津波の浸水深が0になった地点の海抜高度。

次に、「つなみてんでんこ」について、大船渡の教育者である山下文男の定義をまず示す。すなわち、津波のときは、お互い問わず語らずの了解の上で、親子でも、めいめいに、１分でも１秒でも素早く、しかも急いで早く逃げることである。三陸の人々が家族の共倒れ、集落の全滅を防ぐ意志の表現である。そこには「自分で生命を守る」という自立の精神が強調されているのだが、それが３・11以後、本来の伝承の思想から逸脱した解釈が少なくない、と吉野は指摘して、その例をあげている。

・ウィキペディア（２０１２）：「津波が来たら、①取るものも取り敢えず、肉親にも構わずに、各自てんでんばらばらに１人で高台へ逃げろ。②自分の命は自分で守れ。③自分は助かり、他人を助けられなかったとしても、それを非難しない。これは「不問律」である」
吉野：ここでの問題は、「肉親にも構わず」、「ばらばら」、「不問律」という日本語が、伝承本来の意味を不適切に強調した点である。
・小学館のデジタル大辞泉：「津波はあっというまにやってくるから、周囲のものをかまうよりも、各自てんでんばらばらに逃げなさい。三陸地方の言い伝え」
吉野：ここでも、「周囲の者をかまうよりも」という加筆があり、誇張されている。
・週刊文春：「『一家全滅を防ぐためバラバラで逃げよ』という言葉だが、実際には『すがりつく子供を振り払って逃げた後ろめたさを慰めるための言葉』といわれている」
吉野：伝承「てんでんこ」を「他人のことなど構わずに自分だけで勝手に逃げろ」ということだと拡大解釈し、利己主義で道徳的規範に反するとするのは伝承の性格の誤解・誤認である。
・ウィキペディア（2013）：「津波てんでんこ」の語は1990年以降の成立で、防災訓練の「標語」とされている。
吉野：「標語」という把握・表記が適切かどうか。土地の人々の伝承と、中央の学者・評論家の拡大解釈、意味づけの違いがあいまいである。

伝承としての「つなみてんでんこ」の意味とその解釈の適切性について学ぶことが多かった。

吉野は、今後の対応について日本文化論として次のように述べている。

「歴史は史実の積み重ねで、過去の社会の記述である。神話は歴史時代以前の創世期の話である。民話は山村に残る人びとの話である。伝承は農村・漁村などの集落で語り継がれる言葉である。諺・俚諺は人々が生きていくために役立つ規範を簡潔に表現する言葉である。このような定義付けが許されるならば、伝承は諺に最も近い。伝承にはその存在価値があり、また、その性格付け・特徴・適用範囲などの条件を明確にして議論しなければならない。歴史・神話・民話・伝承・諺はそれぞれ日本文化を形成する要素である。文化の一部を研究し、将来の避難行動、津波対策、社会問題に対応する行動規範をいかに生かすか、研究が必要である」

各語の定義に若干の疑問も残るが、文化研究の意義については傾聴に値する。

次に木股氏の『三連動地震迫る――東海・東南海・南海』(中日新聞社、2011年)。帯書きの推薦分文は次の通り。「我々は生き残れるか⁉　迫り来る東海地震、三連動地震に備えるためにスマトラ沖の被災現場にも乗り込んだ〝行動する地震学者〟が、地震列島の住人におくる渾身の書!」。インドネシアのバンダアチェと三陸の津波直後の現場を踏査されているだけに、数ある提言の一つ一つが重い。

・高所移転などが提案される復興計画も本当に一人一人を大切にできる政策かどうかを確かめる必要があります。バンダアチェで、日本は海岸から二キロを津波公園にという提案を行いました。線路内でも住み着き、高速道路を横切る人がいる国の事情も考えない提案と思いました。やはり、机上の空論で終わりました(p252)。

・私が大紀町を初めて訪ねたのは2005年秋、町の担当者は、私たちが80%の避難に感心していると、**「20%の人々が避難しなかったことは極めて深刻です、ぜひとも次は100%にしたいものです」**と述べてくれました。……私はやっと納得しました。80%で満足していたら、今回の東日本大震災の津波以上の悲惨事になっています。人々を守る自治体として、やはり100%の追求が当然のはずです(p246)。

さて私は、吉野氏の日本文化論としての伝承の意義を理解すべきであるという主張と木股氏の100％救出という見解を頭において「てんでんこ」を考えてみた。

子供たちには「てんでんこ」訓練をすべきだと思うが、大人には強要できないと思う。よくよく考えればすさまじい教訓である。家族、友人、恋人を見捨てて自分だけ生き延びるなんて、できるだろうか？　生き残ったとしても見捨てた傷は一生癒えないであろう。実際、家族らを助けにもどった若者が多数犠牲になっている。助けにいった彼らを津波から救うには、助けにいった場所に逃げ隠れする場所が必要になってくる。後述する「やどかりプラン」が彼らとその家族を救うことになる。

高台まで早く到達できる道をつくるべきだ、という意見も多かった。ある著名な建築家が釜石だったと思うが、住民との話し合いのもと、いかなる都市復興プランがいいかを考え、キーワードを「坂」にして、その坂道を避難ルートにしようという青写真を描き町づくりが始まった。ところがこれでいいのだろうか。某テレビ局で何本か直線的な道が山に向かって整備された町（田老町だったかも）を映し出し、その道を逃げている人・車に津波が押し寄せているのを見せていた。坂道の整備はいいのだが、その道こそが津波の通り道になることを忘れてはならない。現地の地形を考慮して、その土地にあった道づくりをせねばならないであろう。

想像を絶する津波が来て多数の死者が出たという現実を冷静に受け止めるならば、われわれは現地の人が信じ切っていた教訓すら見直さねばならないし、住民との対話を重視しましたという建築家の設計図さえ疑問視せねばならない。となると、なにもかも失ってもいい、人の命さえ救えれば、という原点に立って復興プランをまず立ち上げ、そこに経済的合理性、効率性を加えていくべきであろう。

復興にあたっては、きれいごとはいっておられず、まずはそれなりの資金がいる。学生はこう言っている。「義援金が役立てられていない」と。わが家からも1カ月の給料に近い額を現地・大学・日本赤十字に寄付したが、震災後4カ月たった時点で3割程度しか使われていないという報道があったときには愕然とした。まとまった復興プランができたらそれに提供しよう、なんてことはいわずに、それこそ「てんでんこ」に犠牲者に分け与えてほしかった。

(9)「想定外」で逃げない私案――命を守る「やどかりプラン」

東北震災巡検から帰って1週間、頭から離れなかったのが、震災復興計画である。近い将来、千年に一度の大規模津波が来ても犠牲者をほとんど出さない方策はないか。このとてつもない命題に挑んで、考えぬいた私案が「やどかりプラン」である。

発想の原点は、従来実施されてきた、そして現在提案されている基本計画に対して180度逆の方向で考えてみよう、という思考である。

1　居住地について：高台移転に反対。従来どおり海辺の平坦地に復活させる。

2　防波堤について：高潮あるいは2、3mの津波を防ぐ程度の堤防はあったほうがいいかもしれないが、大防波堤築造には反対。

3　民家の強度・高度について：最低の耐震建築はすべきであるが、高層建築は不要。

この案の基本は、家・土地すべてを失っても命・家族は生き残る、というプランである。

津波が襲ってきた場合、どうするか。地震が発生してから津波が到達するまでに少なくとも十数分は余裕がある。その間に高いところに逃げれば助かる。しかし、あれだけ避難訓練をしていたはずの人々の大半が、津波を見てからあわてて逃げだしたので、犠牲者が多数出た。これを防ぐには、津波を見てからでも助かるところに避難場所を設置しなければならない。これからの高齢社会において、お年寄りがよちよち歩きでも1分以内に逃げ込めるところを確保することが必須である。

となると、各家庭内にシェルターをつくるしかなかろう。ドカン筒を立てて、そこを入り口とした地下室（仮の宿＝やどかり）を設置したらどうであろうか。地上50㎝、地下1mの円筒形竪穴式住居で、ここに水が入ってこない工夫をすればいい。その密室の中で1時間我慢すれば津波は引いていくし、滞水するかもしれない水も数時間以内に引いていくであろう。

水が恐くて高いところに逃げるという発想で、過去千年の間、津波対策がなされてきた。しかし、それがダメだった現実がある。だったら、水の中に潜ってやればいいのではという発想の転換である。やどかりは、波が来ると、その前に素早く砂浜の中にもぐっていくではないか。それがヒントでもある。

図 38　仙台市若林区荒浜

今回の奥松島の縄文村で竪穴式住居をみた。ご先祖様は土の中で生活していたのだ。その時代に一瞬戻ろうではないか。永遠にこの穴ぐらに住むわけではない。水が引くまでの1、2時間我慢すればいいだけである。密室の恐怖に苦しむ前に脱出できるから安心して潜ればいい。今回巡検した雄勝、女川、石巻、荒浜、閖上、野蒜等いずれの地区でも図38のような壊滅的な光景を目の当たりにしてきた。しかし、こうした写真を何度も見ていて、完璧に残っているではないか、と気づいたのが家屋の土台となるコンクリートである（図38の右側）。この下に寝転んでいれば助かると思った。まさか寝転んでいるわけにはいかないので比高30～50㎝のコンクリートの囲いを造りそこを掘って中に入ればいいのでは、というのがやどかり地下室案につながった。

カプセルに入って浮遊するというのとはまったく違う。津波の恐ろしさは家屋・車・船などすべてのものを巻き流す破壊力の強さである。ゴムとかプラスチックのカプセルでは流されたとたんに破壊されてしまう。

景観地理学者としては、あの美しい三陸の海を巨大堤防で遮られてたまるか、という思いもある。漁師の多くは高台から通うのではなく、海辺に住みたいといっている。彼らの願いを叶えてあげたい。

各家庭にやどかり地下室をつくるという基本プランさえ遵守すれば、その後の町づくりは安心して設計できるであろう。何よりも費用をかけずに素早くできるであろう。海辺に漁師地区、その背後の平野に一般住宅地区、高台に役場、病院、学校を配置するのがよかろう。

宮城県では、高台移転化を進めており、その移転に2・1兆円必要と試算している（6月11日の「朝日新聞」）。現行制度では実現は不可能であろう。高台の用地は限られており、造成に当たっては環境破壊、土砂崩れの恐れもあり、通いとなる漁師は反発するであろう。名取市閖上地区では2500戸のうち2200戸が全壊し、一帯には今、建築制限がかかっている。ここでも内陸への集団移転が検討されているという。やどかりプランを採用してくだされば、このような問題はすべて解決するのに、と思うのであるが、甘いかなあ。

このやどかりプランを思いついたのが仙台から帰ってきて3日後の6月9日。その日から寝ても覚めても、そしてめずらしく風邪を引き、一時38度の熱まで出しても、これが知恵熱かと思いつつ、地下室の安全性を考え続けている。

入口の蓋は津波の勢いに流されないだろうか、水圧に耐えうるであろうか（2重蓋にして、中から止めればいいのでは）。万が一水が入ってきたらどうしよう（スキューバダイビング装備を用意しておこうか）。酸素がなくなりはしないか（これもスキューバダイビングの酸素ボンベを用意しておこう）。暗黒に耐えられるか（懐中電灯があればよかろう。上方に耐火ガラス面をつくっておけば、明かりが入るし、水がなくなるのもわかる。わかったら蓋をあけて外にでよう）。チリ鉱山事故の時のように何百メートルもの地下で1カ月以上も暮らすわけではない。

でも、こうして書いてみて、こんな単純な思いつきが過去に一度も実践されてこなかったことを考えると、どこかに大きな欠点があるのだろう。皆さんのアドバイスを期待したい。

それでも、震災後に出されてきているプロの復興プランには、高台移転と堤防造りの2点が必須条件として掲げられている。これでは費用の面からだけいっても、やどかりプランの、控え目にいって100倍の予算が必要となろう。

さて、復興案で最も大胆な案として注目されているのが、河田恵昭関西大学大学院教授の案（「河北新報社」4月13日）である。

氏の復興ビジョン基本方針は、①被災者は元の居住地に戻る、②将来の津波被害の脅威から解放される、③水産業、農業など地元産業を重視、奨励する、④被災者が新しいまちづくりの担い手となり、関連公共事業で雇用を創出する、だそうだが、見取図を見る限り、被災者はとても元の居住地に戻ったとは思えないであろう。人工地盤の下に貯水空間が設けられているが、地震による液状化、水漏れが心配。漁師はここには住めないであろう。また瓦礫の山の上の町づくり案が出されていて興味深いが、ここに高層ビルなど造らないほうがよかろう。ともに海とは別世界の都市プランで、かつ莫大な費用がかかりそうだ。よって実現は不可能であろう。

今回の地震直後の専門家の言葉から「想定外」という言葉が連発された。地震学者だけでなく、政治家、行政担当者、そして原子力の専門家までも、どうしようもなかった、と自らの非力をわびるでもなく、「想定外」で逃げていた感はある。

ところが、しばらくして、そして今でも、「いや想定外ではなかった。未想定に過ぎなかった」という批判的専門家が多数出てきた。その最たるものが千年前の貞観地震（869年）が今回と同程度の地震・津波であったことを示し、その事実を重く受け止め対策を講じていたならば、今回のようなことにはならなかったと、反省を強いるものであった。

でも、最近思うのは、想定外ではなかった、といわれても、では想定していたとして、人は救えたのか、と問いかけたら「はい」という答えが返ってくるのであろうか。おそらく「高台に逃げた人は助かった」などという事例をあげ、高台逃避信仰が増長されるであろう。間違いではないが、高台へ逃げなかった人が悪いと責めるのではなく、彼らを救う仕組みをつくる必要があろう。「やどかりプラン」のように。具体的防災プランを示さないで「想定外」批判されても、空しいだけである。

過日6月11日の名古屋大学での震災関連シンポジウム「東日本大震災から学ぶ」では7人の報告者が地震・津波の発生についてなど丁寧に説明され、それぞれに何を学んだかを述べられた。

今回のシンポジウムは「学ぶ」であって、「学んでどうするか」ではなかったので、今後同規模の津波が来た場合に、死者をゼロに近づける具体的対策は示されなかった。今後の対策として示されたのは次のような抽象的なうたい文句が多かった。

・津波対策として防潮堤、水密性強化など物理的な対策をおこなうこと
・津波が敷地内に入ることを防ぐ
・防災訓練を実施すること
・適正な防災水準と投資についての合意形成
・災害に強い土地利用と既存不適格物の解消
・専門的競争社会から俯瞰的協働社会へ
・公助依存社会から自助・共助社会へ
・研究重視から行動誘発教育重視の社会へ

こうした対策案を聞いていても、具体性がないと、空しく聞こえるだけである。かといって、建築コンサルタントが入っての巨大都市計画プランはいくら具体的でも、敬遠したくなる。

というように、「やどかりプラン」を思いついてからは、他の復興計画案のほとんどが空しきものに思えてしまう。

この「やどかりプラン」、環境学研究科の執行部では、①「発想がユニークで興味深い。でも暗闇でたえられるか?」、②「上から入るのは無理だ、下から入るようにつくらないと」と即議論に入った。地理学教室の喫茶室では、みな気心が知れているからであろうか、③「気が狂ったのか」と一蹴された。④現地で遭遇した建築学の護雅史氏からは「現地でお会いしたのは本当に

驚きました。やどかりプラン、私も同じようなことを考えたことがあります。4階まで階段で上がるのが大変なお年寄りはたくさんいるはずですよね。私は地下シェルターではなく、地下道です。いわば、「抜け穴プラン」、「アリの巣プラン」でしょうか（ちょっと違いますね…）地下道で山の方まで移動してから、地上に上がるといったアイデアです。復興時にライフラインを共同溝にして、これをうまく利用するとか…。でも、この案はコストが掛りますね。思い付きですが…」

そして、現地で案内してくださった、⑤土屋氏から「やどかりプラン、読ませていただきました。大胆な発想の転換で大変面白かったです。ただ気になる点は、「水の下」という心理的抵抗感をどのように緩和ないし納得してもらえるかが鍵だと思いました。私も高台移転に反対ですし、震災前に戻すことを大前提とした時にどのように身を守るのか、大きな課題です。心理的抵抗感の問題をクリアすれば、有力な手段だと思いました」とのメールが届いた。

東北では避難されている方々を早く元の地に戻してあげたい。仮設住宅を増設するよりも早くもとの場所に本宅をつくってあげたい。莫大な費用と環境破壊セットの高台移転と大堤防造成プランだけはやめていただきたい。水の下に1時間潜りたくなるような地下シェルター（ここに逃げれば100%命が助かるとまず信じてもらわねばならない）付きの住宅地をはやくつくってほしいものだ。

ゼロメートル地帯が多い尾張平野での津波対策としては、海辺の集落では、やどかりのシェルターを各家に造成すべきである。直下型地震対策としては、建物すべてを耐震補強できない人でも、家の中の1部屋だけをM9地震にも耐えうるようにしたらいい。トイレとか浴室でもいい。揺れたら1分以内にそこに逃げこめば命は助かる。これも「やどかりプラン」である。

東北震災被災地から帰ってから、新聞での住民の声の欄に目がいくようになった。今朝の「朝日新聞」(6月17日)から3話を拾ってみたい。

①鎮魂を歩く：かみしめる石碑の教え——宮城県気仙沼市唐桑町

「津波が来たら高台へ、そんな石碑があちこちさある」…隣の舞根集落にもあった。石碑の周辺では今回、1人が遺体で見つかり2人が不明だ。「小さいときから聞かされているし、おれもこどもさずっと言い聞かせてきた」と山本孝さん(68)。「そんだけに残念でなんね」と畠山孝則さん(66)は言う。小山照子さん(75)は自宅近くで畑作業をしていた。地震後、一度家に戻ったところを見た人がいる。

3人の家は、集落の中では奥まった山側の位置にある。「**小さいころから教えられてきたのに、いざっていうとき、なんでできなかったんべなあ**」。畠山さんは無念でならない。

②宮古日記：宮古市田老の上屋敷アイさん(84)は、昭和三陸津波(1933年)の体験者。当時5歳で、母におぶわれながら、「早く、早く」と肩をたたいた記憶がある。その彼女にして、

3月11日は、「何やってたんだろう」という行動ばかり。津波が200m先の防潮堤を乗り越え、水しぶきが上がってから、逃げた。それも裏山へ直進し、10歩も登ればいいのに、海に近づく道に迂回した。いつもの手押し車を押していたから。防潮堤の内側の街は消えた。

人は危険を過小評価しがちだという「正常化の偏見」や、巨大防波堤への過信もあっただろう。昭和津波を生き延びた同級生も山際に住んでいたのに逃げ遅れて亡くなったという。

③いま伝えたい：宮古市田老、野中良一さん（75）
「宮古市と合併する前の田老町で私が町長をしていた2003年、津波防災の町を宣言した。堤防の高さが明治津波より低かったと指摘されるが、防潮堤や防波堤など二重三重の防御で津波のエネルギーを十分吸収できるはずだった。でもやっぱりやられてしまった。うちも自宅を流され、仮設住宅暮らしです」

こうした記事から、「津波が来たら高台へ」は今後も繰り返し唱え、伝えていかなければならない。ところが、知っていても登れなかった人が多数いた。外に出ていても、お年寄りだとそう簡単には高台へ登ることができなかった。その多くは家にこもっていて犠牲になった。防潮堤も役に立たなかった。家に戻った人もいた、となると、やはりシェルターは家の中につくらねばならないであろう。なんといわれても「やどかりプラン」をあきらめるわけにはいかない。

しかし、人が地下シェルターに恐怖心なく素早く入れるような工夫をしなければならない。防水と防圧を完璧にすることが絶対条件で、この構造は専門家にたずねることにしよう。水深10mで1気圧分の圧力1kg重／㎠に耐えねばならない。これは1㎡に換算すると10トンもの質量が上に乗っていることになる。球形カプセルにしたらどれほど軽減されるのであろうか。

昨日までは地下にコンクリートの暗室密閉シェルターを考えていたが、1時間我慢すればいいとはいえ、水中に、と考えただけで恐怖心を抱く人が多かろう。お年寄りも安全だとわかっていても、閉じ込められるのが恐いはずだからなかなか入ろうとしないかもしれない。

そこで、考えたのが半地下シェルター：地上50㎝まではコンクリートの枠で囲まれていれば破壊されないので、そこに鉄格子で蓋をする。その下にカプセルを入れる。そのカプセルに逃げ込む。水の中に浮かせるのだが、鉄格子の蓋は流れていかないようにするためである。耐圧ガラスが一部で使われていれば密封暗黒の恐怖からは逃れられるであろう。

潜水艦か宇宙船に乗り込んで1時間旅をすると思えば楽しい。このカプセルの名前は「潜水船やどかり号」。予算はいかほどであろうか。

今回は午後2時46分という明るい時間帯に地震が発生し、津波がおこったので、あれだけ被害を出しながらも、まだよかったともいえる。もしも、夜中に起こったら、と思うと背筋が寒くなる。逃げ場所はやどかりシェルターしかないだろう。

やどかりシェルターについて、「水の中の密室に閉じこもっているなんて怖くていられない」という意見が多かったので、津波時に何時間こもっていなければならないかを、次の書物によって確かめてみた。

河北新報社編『私が見た大津波』（岩波書店、2013年）で25人の方が、水が引いた時間を記されていた。その箇所すべてを抜き出した。

①仙台市宮城野区中野小（仙台港の近く）：校舎は海水とがれきの中で孤立し、ヘリコプターで救助されたのは翌12日夕のことでした。（p23）
②多賀城市明月1丁目：午後7時過ぎでしょうか。自衛隊のゴムボートに助けられました。（p27）
③仙台市若林区三本塚：水位が下がり、家族と再会できたのは翌日昼のことです。（p33）
④仙台市宮城野区出花：午後5時には水が引き始めましたが、歩ける状態ではなく、工場で一夜を過ごしました。翌朝は午前9時ごろに工場を出て、腰まで水に浸かって自宅に帰りました。（p43）
⑤山元町坂元中浜：坂元中屋上に避難。震災から3日目、自宅（海岸から200m）まで歩いて行きました。（p53）
⑥南三陸町志津川：四階建ての高野会館の屋上に避難。夜、水が引いてから4階に降り、一晩中立ったままで過ごしました。（p57）
⑦仙台市若林区井土：波の勢いが20分ほどで収まると、2階建ての家はところどころにしか

残っていませんでした。水深は1・5m程で、その後も水面は何度か膨らむように上下しました。翌日水が引き、夫、次女と無事再会できました。(p61)

⑧塩釜市北浜：水は1時間後に引きました。(p63)

⑨女川町女川浜伊勢：水は30分で引き、助かったのは住民5人、職員6人だけでした。(p73)

⑩仙台市若林区二木山王：思わず近くにあった電柱につかまりました。…顎のあたりまで引いた水の中をゴミをかき分けて進み、妻がいる民家の2階までたどり着いたのは午後11時ごろでした。(p81)

⑪閖上2丁目：津波時、水は1階屋根ほどあり、がれきをかき分けて潰れかけた家の屋根にはい上がりました。…夜が明け、変わり果てた街の姿にがく然としました。…昼すぎに自力で屋根を降り、がれきの中を歩いて自衛隊に助けを求めました。(p83)

⑫石巻市鹿妻南：鹿妻小に避難。…翌朝自宅に行くと、燃えたのは隣の家でした。(p87)

⑬塩釜市舟入：午後9時近くに自衛隊のボートに救助され、多賀城市の文化センターで一夜を過ごしました。(p91)

⑭仙台市若林区荒浜：車に乗ったまま流される。…生きようと無我夢中で車体を揺らしました。するど、沈みかけていた車の前部が浮き上がったのです。数時間後、消防隊員がゴムボートで救出してくれました。(p97)

⑮登米市東和町米谷：車外に出た後、街路樹に登りました。同じ木に登った老夫婦や、近くの

鉄塔に上がった同僚と励まし合いながら波が引くのを待ちました。会社に戻れたのは約2時間後。(p105)

⑯石巻市雄勝町船越：私ら10人は、水没を免れた住宅の2階に避難し、3日間過ごしました。妻と再会したのは、水が引いた4日目。(p109)

⑰女川町女川浜：水が役場の4階ベランダに迫ったため、はしごを登って塔屋に避難しました。…水が引いた夕方、役場の裏山に脱出しました。(p111)

⑱東松島市大塚：野蒜小学校、体育館のギャラリーに避難。濁流はすぐに体育館の中に流れ込み、真黒い渦を巻きながら、避難してきた人たちを飲み込みました。床から1メートルぐらいの高さのステージに逃げた人たちは、どんちょうをつかんだり、お互いにしがみついたりしていましたが、水が引いた後、多くの人が亡くなったことを知りました。午後11時ごろ、消防団などの助けで校舎に移動しました。(p129)

⑲七ケ浜町菖蒲田浜：七ケ浜公民館に避難。2階から外を見ると海が目の前に迫り、たくさんの家が水没していました。2階にいたお年寄りは一時パニック状態でしたが、水が引いた約1時間後、テーブルを担架代わりにして外に運びました。1階では何人か亡くなっていました。…孤立した住民約160人は、近隣の家などに避難し、励まし合って一夜を過ごしました。(p131)

⑳仙台市宮城野区榴岡：折り重なった車に乗って、車内で寒さをしのぎました。夜に水位が下

がり、近くのカラオケボックスに避難しました。(p133)

㉑七ケ浜町松ケ浦：裏山に避難。仙台港の方向からコンテナが次々と流されてきました。…自宅は津波の大きな被害を受けなかったので、水が引いた後に戻りました。その日の夜、爆発音を聞いて外に出て様子を見てみると、コンビナートの方角の空が真っ赤に染まり、焦げた臭いが漂っていました。(p135)

㉒名取市杉ケ袋：閖上児童センター(平屋だが屋根のホール)に避難。そこへガラスが割れるものすごい音とともに、真黒い水とがれきが入ってきて、私たちをのみ込みました。海水に沈み、水を飲んでしまいました。嫌な味がしました。何とか浮き上がり、カーテンレールのパイプにつかまって見たホールの様子がこの絵です。…水が引いた後、児童センターの女子トイレに避難し、寒さの中を歌を歌って励まし合い、夜を明かしました。(p137)

㉓仙台市若林区白萩町：フクダ電子の5階に避難。午後10時頃、精油所が爆発炎上しました。延焼の不安と恐怖から、フロアは騒然としました。私を含め十数人が胸まで水に浸かりながら、真っ暗な中、避難を始めました。(p143)

㉔石巻市大街道東：石巻市三ツ股の勤務先で津波にあう：午後3時49分。水位は2階に達し、テーブルの上から様子を見守りました。津波の勢いが収まった時に、事務所2階よりも少し高い倉庫の2階に移動しました。夕方になって市内の大街道東の自宅にいる夫と、中里の実家の母と連絡が取れました。その後、波は何度も押し引きを繰り返したようでした。(p147)

㉕多賀城市大代5丁目：午後5時近くになると、津波が来た時は映像を逆回ししたように、急速に水が引き始めました。（p149）

以上25の事例から、水は津波襲撃（午後3時〜4時）後、その日の夜には歩けるまでに引いていったところが多かった（上記番号⑧⑨⑮⑰⑱⑲⑳㉑㉒）。翌12日は（③⑦⑩⑪⑫㉔㉕）、2日後の13日は（⑤）、4日後の15日は（⑯）、不明は（①②④⑥⑬⑭㉓）であった。

この結果、最悪4日間閉じ込められることになるが、おおよそ4割の人が半日、8割の人が1日、やどかりの部屋で我慢していればいいことになる。

従来の調査で津波高（平均潮位面からの高度）、浸水深（襲来時の地上面からの深さ）、遡上高（限界到達地点の海抜高度）は調べられているが、①最後の引き波の日時、②水が完全に引いた日時、③水深が30㎝以下になった日時、についてのデータはまったくない。上記の証言により場所ごとでのおおよその推測はついた。

「気付いたら眼下一面が海でした」（p11）にあるように、「地震が起きたらすぐ逃げろ」という鉄則を知っていても、いかに多くの人が逃げなかったか、ということも明らかになった。こうした人を助けるとなると、やはり津波を見てから逃げられる場所を各家庭に設けておく必要があると痛感した。各自が4階の自宅を建てられないとなると、やはりやどかり部屋が必要になるだろう。

第2章 これまでにない復興プランが求められている
――南三陸から田老、そして南相馬へ 2011年11月

(1) 南三陸・気仙沼――避難を呼びかけ続けて津波に飲み込まれた遠藤未希さんに合掌

第1章で述べたように東日本大震災の被災地巡検を2011年6月2日から6日にかけておこなった。塩釜、松島、雄勝、女川、石巻、仙台空港、名取、閖上、仙台港、東松島とその惨状を見てきた。今回はその第2回目の巡検で、11月3日から雄勝町より北部地域をめぐることにした。8時に仙台市の東横インを土屋氏の車で出発。最初に南三陸町（2005年に志津川町と歌津町が合併）に向かった。

1933年（昭和8）の津波の際、志津川町は軽度の被害であったのに対し、歌津町は大きな被害を出した。それゆえに歌津町は沿岸部に住宅を建てないようにしていたし、津波が押し寄せる予兆の引潮にも注意を払っていたが、志津川町ではそうではなかった。その結果、チリ地震津波（1960年）で志津川町は40人の死者を出したが、歌津町では1人も出さなかった。今回はどうであったろうか。両者別の数字は持ち合わせていないが、9月9日の「朝日新聞」によると、

図1　志津川地区全景

図2　南三陸町防災対策庁舎跡

3月1日から9月1日までの半年で、南三陸町全体で2003人の人口減少であった。現地の被災状況を見る限り、共に平地部は全滅に近かった。

図1は高台にある志津川小学校から撮影した志津川地区の東部全景であるが、手前の標高数メートル以上の高台にある家屋は無事であった。図2は、鉄骨だけ残った防災対策庁舎。庁舎に残って津波に飲み込まれるまで避難放送を続けていたのが、結婚直前だった遠藤未希さん。玄関には献花台があり、この日も線香の火が消えることはなかった。

志津川から車で15分ほど北東へ行った海岸沿いにあるのが歌津で、集落は跡形もなく、ボランティアの学生さんたちがせっせと残骸処理作業をしていた。図3は流された歌津大橋の残っている部分の先端まで行って、その延長上を写したもの。

歌津を出て気仙沼方面に向かう途中で岩井崎の先端まで行ってみようということになった。凄惨な光景ばかりだったので少しでも気分を和らげる意味もあった。静かな海と太平洋を指さす秀の山雷五郎関取像（図4）を眺めて、少し元気になった。

12時半に気仙沼に着く。魚市場の周辺は地盤沈下が甚だしく、海水面があと10㎝高くなれば大変、という危険な状態であった（図5）。ただ、漁港に面した気仙沼お魚いちばの港町レストラン「鮮」は活きが良かった。サンマの刺身は見た目も味も最高（図6）。併設の市場では、サンマ1匹100円という安さだった。漁港の反対側に4階建てかまぼこ型の異様な建物があった。津波対策かどうか設計理由はわからないが、気仙沼女子高等学校で、4階は体育館だそうだ（図

図3　流された歌津大橋

図4　岩井崎で太平洋を指さす秀の山像

図5　地盤沈下した気仙沼魚市場

図６　サンマの刺身

図７　気仙沼女子高校のかまぼこ型体育館

7）。

次の目的地陸前高田に入る前に、「唐桑」方面という標識に魅せられて寄り道し、半島の最先端御崎岬まで足を延ばした。半島の中央部を走る舗装された道沿いに家屋が続いていたので、これだけ高所にあれば津波とは無縁の地だな、と思った。ところが、御崎神社の駐車場にあった掲示板の「津波用心」文を読んで、それが過去の大津波後の家屋移転の結果だな、ということがわかった。「用心」文の全文は以下の通りである。

津波用心：唐桑の明治・昭和大海嘯（大津波）：唐桑では、過去に幾度となく、大海嘯（大津波）による被害を受けております。

唐桑の津波による被害は、１８９６年（明治29）6月15日午後8時10分頃襲来した三陸大津波の被害が最も大きく、当時人口３９４７人の村が一瞬にして死傷者１００８人（死亡者

図8　御崎山社務所「がんばろう日本」

845人）を出す大惨事となりました。

唐桑の最大波高は8・5m、流失・全壊家屋は214戸にも及び、当時のようすを聞いた民俗学者の柳田国男氏が旅行記に記し、

「唐桑浜の宿という集落では、家が40戸足らずの中、ただ1戸だけ残って他はことごとくあの海嘯でつぶれた。残った家も水が床上四尺（1・2m）も上がり、時の間にさっと引いて、浮くほどのものは皆流された。その上に男の子を1人亡くし、八つになる誠におとなしい子だった。道のかたわらに店を出しているお婆さんのところへ泊まりに行き、明日はお参りなので戻ってくるようにと迎えをやったが、お参りに行きたくないと言って遂に永遠に帰ってこなかった。その夜は、高台で一晩中家の薪を三百束も燃やしたという。…省略」

また、1933年（昭和8）3月3日午前2時31分ごろ発生した地震による昭和三陸大津波では、59人の死亡者を出し、流失家屋は307戸を数え地震発生から30分程度で津波が襲来したと記録されております。

今回の津波から家屋が流されることはなかったが、御崎岬の御碕山社務所には「**起き上がれ気仙沼、がんばろう日本**」とあり、地域の震災復興を願っていた（図8）。

（2）陸前高田――大学の出張校舎での町おこし実践案

東北被災地巡検初日の午後、唐桑見学を終えて向かったのは陸前高田。平野部が比較的広いがゆえに無残であった。3階まで破壊された数軒のビルを除いて、民家はすべて流されていた（図9）。陸前高田市役所職員も3分の1が犠牲になっている。そこへ名古屋市職員がいち早く応援に駆け付け、行政回復業務に付き奮闘されている。図9の奥、山間部へ入ったところに陸前高田市の仮庁舎が建てられていた（図10）。その近くにはプレハブ銀行、郵便局、商店街が集まり、俄かプレハブ山岳都市が誕生していた。しかし、あまりにもスペースが狭いので、目下他地域へ避難されている住民の方が戻っ

図9　陸前高田のゴミ山から市街地跡を望む

図10　新・陸前高田市役所

てきて丘陵地に居を構える場所はない。図11の右の建物は、被災して3階まで水没した市役所。左の建物はこの地域の大手スーパーMAIYA。

ゴミ山から海岸部方面を眺めると、復興のシンボルとして報道された奇跡の一本松がそびえていた。背後の建物はユースホステル（図12）。陸中海岸国立公園の中の名勝地である高田松原には7万本の松が防潮林として植林されていたが、この度の津波でたった1本しか残らなかった。その松である。この松を撮影した時に気になったのが、幹の下方が青ビニールで巻かれていたことである。あたりは地盤沈下で湿った所が多かった。おそらく塩分濃度が高かろう。そのための措置であろうが、長くはもたないのではと心配している。

図11　旧・陸前高田市役所（右端）

図12　復興のシンボル、奇跡の一本松

松林情報を追加すれば、倒れた松の一部が8月16日の京都五山の送り火の薪として使われる予定であったが、放射性セシウムが検出されたため、使用中止になったという。福島第一原発から随分と離れたところなのに、ここまで放射線の影響があるのかと驚く一方で、身体にほとんど害がないのだから薪で燃やしてあげてもいいのでは、と思った。でも幼児を抱える母親の身になったら、強くは言えない。

今まで、壊滅状態の町をいくつか見て来たが、これだけひどく打ちのめされた町はなかった。そんな印象であった。地元では、高台移転か平地部再開発で揺れている。さて、いかに復興していくのであろうか。

こんな問いかけで巡検記録を終わっては申し訳ないし、意味がない。そこで一案。名古屋大学環境学研究科で、陸前高田復興プランを提案しよう。

・全く白紙状態の陸前高田市の平野部。第二次世界大戦で空爆された名古屋市に似ている。

・地元の県、市での復興計画があろう。大手コンサルも入っているであろう。そこに我々がのこのこ入っていくわけにはいかない。しかし、名古屋市がいち早く入って復興支援をしている。この人手を頼れば、うまく入れるのではなかろうか。

・名古屋大学環境学研究科には都市計画の専門家がいる。彼らに大きなビジョンを描いていただこう。それをアシストする形で建築、土木、GISの教員が加わる。復興後の社会づくりには人文系スタッフの力も必要だ。地震予知スタッフも充実している。減災連携研究センターも発足する。来るべき東海・東南海・南海の3連動に備えるためには、東北を学び、復興実践すべきであろう。平野部にプレハブで環境学研究科の新校舎をつくり、そこで講義をおこない、町づくりを実践する。

校舎ができなければ、空き家を借りるか、テントを張るか、ホテル（大船渡のホテル福富など）に泊まってもいい。体系理解科目のひとつはここの校舎「環境学研究科三陸スティション」で講義をおこなう。1週間の集中講義。減災連携研究センターの専任・協力教員は毎年最低1週間、この校舎に出向く。その他の教員も2年に1回、最低3泊で出向く。この体制を10年続ける。校舎は三陸の地ならどこでもいい。すべてが壊滅状態で何もないから、その地が10年間でいかに復興していくかを、克明に記録していく。それを研究科の教員全員でおこなう。教材は現地に転がっている。

残念ながら、現地で校舎をたて、講義をおこなうことはできなかったが、教員・院生が現地に出向いて調査をおこない、2012年3月に『名古屋大学環境学研究科教員の見た東日本大震災』、翌2013年3月に『名古屋大学大学院環境学研究科教員・学生の見た東日本大震災』の2冊の報告書を出版できたことは、微力ではあるが復興支援の出助けができたと思う。

（3）大船渡——福富ホテル三代目女将の語りより

陸前高田で打ちのめされて、気をとりなおして向かったのが本日（11月5日）最後の目的地大船渡。大船渡湾に面して大被害を受けた地で何とか持ちこたえたのがホテル福富で、そこを宿泊先とした。図13はホテル2代目オーナー佐々木忠和氏が描いた大船渡全景である。ホテルはこの絵の中の右手市街地の出っ張ったあたりにある。鉄筋コンクリート製の頑丈な造りであったから

図13　大船渡全景図

図14　ホテル福富

図15　津波で流された海風苑

破壊されることはなかったが1、2階は完全に水没したという（図14）。実は初代が建造した海風苑が、新ホテルの一軒おいた北側でスーパーMAIYAの南にあったのだが、木造のため跡かたもなく流されてしまった（図15）。新ホテルの方を2代目女将が、そして海風苑の方を3代目女将が経営していたのだが、現在は2人で新ホテルを再興させている。

　このホテルに泊まったのは、案内役の土屋氏の宮城学院女子大学の教え子の佐々木陽代《ひより》さんのお母さん（3代目）が経営されているとお聞きしたからである。

ロビーでの挨拶が、3・11の津波語りとなった。被災者でありながら暗さは微塵もない。おおらかな方で語りは流暢で力強い。家族が皆無事だったからやる気になっていると思う、と自らおっしゃった。以下、3代目女将の語りより。

「2時46分地震発生。海風苑にいた。この揺れから察して津波が来ると確信し、従業員たちを避難させ、私が最後に、避難指定地となっていたMAIYAに駆け上がった（図16）。3時20分過ぎに寄せ波が来て、海風苑は流されていった。それを見ていて、私は、意外と冷静だったんですよ。なぜこんなに冷静でいられるんだろうか、と思ったくらいでした。それからすぐに引き波がありました。その日はMAIYAの4階で暖かく夜を過ごしました。4階が100円ショップで食料はあるし、衣類はあるし、何の不自由もしませんでした。ラッキーでした。避難者は50人ほどでした。その中の1人はボールにひもを付けて道路向かいのプラザホテルに投げ込み、そのロープに食料をつるして送ったんですよ。

次の日、水が引いて歩けるようになったので、誘導されるままより安全な施設に移りました。母（2代目）は福富ホテルにいて、3階に逃げて助かりました。夫は山田町の学校にいて無事、息子は盛岡、娘（陽代さん）は花巻温泉の愛隣館で4代目女将になるための

図16　海岸地区の津波避難指定ビルＭＡＩＹＡ

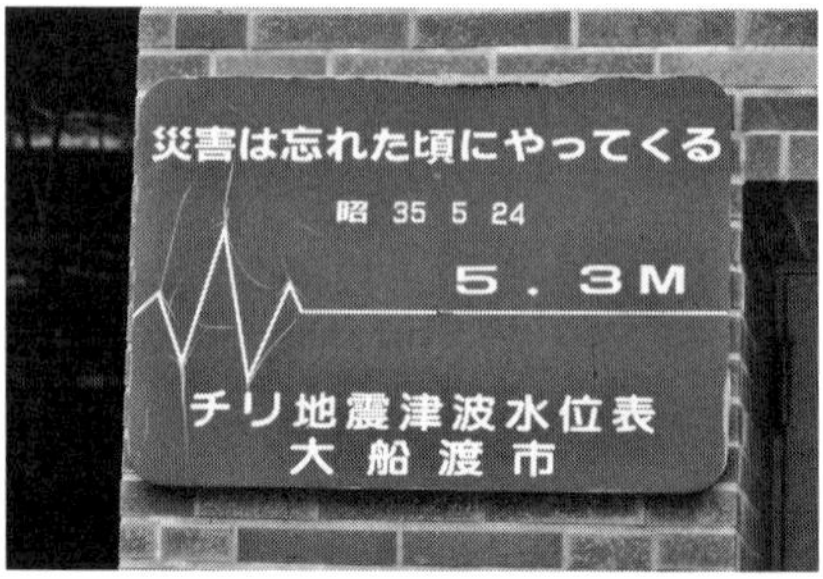

図 17　ＭＡＩＹＡビルに記されたチリ津波水位

図 18　犠牲者確認済みの USA 印

修行中で、皆無事でした。

私たち海岸付近の住民は地震が来たらすぐに近くのビルに避難するように訓練されていたので、犠牲者はほとんど出ませんでした。ところが、100mほど内陸に上ったあたりでは、チリ津波のとき大丈夫だったから、今回もたいしたことなかろうと油断していたのでしょう。大勢の人が亡くなりました」

フロント横での立ち話ゆえ、テープ録音どころかノートにメモする準備さえしてなかったので完全に復元できてはいないが、大体以上のような話であった。

私とって重要な情報は引き波が1時間もしないうちに去っていき、地上で10mほど来た水も2時間後には引いていったことである。たくさん犠牲者を出した地区ではもっと早く引き波が引いて行ったであろうから、津波で逃げ遅れた人でも「やどかりシェルター」に入ってほんの1時間程度、場所によっては十数分我慢すれば助かる、と確信できたからである。

図17はMAIYAの壁に記されたチリ津波水位。図18は犠牲者確認済みのUSAマーク。震災2日後の3月13日に早くもアメリカから救援部隊が来ていたことに驚き、感謝する。

3代目女将の話で、もうひとつ意外でかつ教訓になったのは、海岸に近く一番危険地帯に住む人よりも、少し内陸部の少し高所に住んでいた人に犠牲者が出たことである。油断大敵。記憶に留めておこう。

助かった人も大変であった。帰って来たいのだが家はない。海岸通りの町内会は解散したとのことである。

リンゴ話も興味深かった。「いままでリンゴは皮をむいていたのだが、貴重な食料だからと思い皮まで食べてみたら、美味しかった。食べ物を粗末にしてはいけないと思った。でも1カ月たったら、また元のように皮は切り捨てている自分がいて、情けなくなった。惨劇は記憶に留めて忘れないようにと言われるけれど、人間ってすぐ忘れてしまうんですよね」。なにか、考えさせられるリンゴ話であった。

3代目との会談中に2代目がお見えになった。土屋氏が、「お孫さんはしっかりした方で」と挨拶されると、間髪をいれず、「よく出来た孫です。いいところはみーんな私似で、悪いところはみんな母親似なんですよ」。冗談なのか本気なのか、そうおっしゃった。きつい、いや、しっかりした2代目であった。目の前の3代目はにっこりされていたから何ともなかったのだが。逆に、場の雰囲気から察して、円満な家族だな、と思った。

2代目も3代目も口達者な方で、ご自分のライフヒストリーのみならず郷土史を十分に語れる方であった。4代目も交えて、花の3世代女将の語りを克明に記録したくなった。再訪せねばならない。

ホテル福富は津波で破損した1、2階がリフォームされており、共同浴場もきれいだった。ただ厨房は改修途上で、夕食・朝食は出前弁当であった。1泊2食付き6000円。この夜のテレビは最高であった。中日、ヤクルトを破りクライマックス・シリーズで3勝2敗とし、王手！

図19　大槌町全景

(4) 釜石・大槌——吉里吉里小学校に二宮尊徳像復活

三陸巡検の2日目はハードスケジュール。大船渡を8時前に出て三陸海岸を北上し釜石、大槌を経て、宮古に行き昼食をとったのち、さらに北上して田老まで足を延ばす。そこでUターンし宮古にもどり、北上山地を越えて盛岡へ行く。盛岡で夕食をとってから東北自動車道で仙台までもどるという強行軍である。

釜石は、海岸部は被害が大きかったが、少し内陸部に入ったJR釜石駅付近や新日鉄釜石工場の施設は無事であったようである。ただ、大船がひっくり返って道路脇にあったり、火災跡が痛々しいビルが多かった。町内を車で巡検していた際に、釜石市長選の立候補者が演説をしていたのにぶつかり、「政治家は言葉が大切です」なんて声をあげていた。車の中から「言葉だけじゃだめですよ。実行してくださいよ」と叫んだが、聞こえなかっただろうな。この立候補者は野田○○という名前であった。

釜石から内陸に入ると民俗学の聖地「遠野」がある。そちらへも行きたかったが今回の旅は目的が違う。北上して大槌に向かった。ここも壊滅的であった（図19）。「町長をはじめ、1万5千人の町民の1割が死亡・行方不明となった町の痛手は、被害地外から来た者の想像を絶する」と

図20　大槌町役場

図21　大槌町役場の時計、津波の3時24分

図22　役場玄関前の献花台

言われたところだ。この写真の右手にある2階建のビルに近づいて拡大したのが図20である。被災した大槌町役場である。2階では津波から逃れることはできなかった。時計をクローズアップすると、針は折れていたが3時24分を指して止まったままであった（図21）。地震が2時46分に発生したから、38分後に津波に襲撃されたと思われる。犠牲になられた加藤宏暉町長（当時69歳）に合掌。役場玄関前には献花台が設けられていた（図22）。

2011年11月8日の「朝日新聞」、「窓　論説委員室から：高さ14・5メートル」に「高さ14・5mの防潮堤は、この体育館の天井よりも高いです」と出ていた。引用文を続けると、

東日本大震災で壊滅的な被害を受けた岩手県大槌町。10月末に開かれた「地震復興協議会」での説明に、小学校の体育館に集まった町民からは「はあ」という、驚きのような、ため息のような声が上がった。取材している私にも、ようやくその高さの実感がわいた。防潮堤を14・5mにかさ上げするとの県の方針を、受け入れるかどうか。**「海も見えず、すり鉢の中で暮らすみたい」「いや、刑務所だ」**そんな声が相次いだ。悩ましいのは、この高さにしても、3月11日の規模の津波では浸水を防ぎきれないことだ。「だったら、6mでいいじゃないか」「14・5mにしてほしい。けれども、海を見ながら、みんなで暮らしたい」。…意見は尽きない。

町長をはじめ、1万5千人の町民の1割が死亡・行方不明となった町の痛手は、被害地外

から来た者の想像を絶する。一方、小学校の体育館より高い防潮堤で海と町を遮断することも、想像するのは難しい。それでも、大槌をはじめ被災地の住民や行政は、そこで暮らし続けるための決断を迫られる。「安心か、景観か」。そんな一言では割り切れない重みが、そこにはある。

大槌町市街地を出て国道45号線を一挙に宮古まで行くつもりであったが、途中、「吉里吉里」(大槌町内)という標識に出会い、ここが井上ひさしの小説「吉里吉里人」ゆかりの地かと思い、国道を降り町内をさまよい、吉里吉里小学校まで足を延ばしてみた(図23)。海岸線からJR山田線のあたりまでは壊滅的であったが、小学校は高台にあったので無事であった。最近改築されたのであろう、きれいであった。その玄関に懐かしき二宮尊徳像があったので見入ってしまった(図24)。昭和初期には全国ど

図23　吉里吉里小学校

図24　吉里吉里小学校の二宮尊徳像

の小学校にも勤勉の象徴として建てられていたが、戦後、尊徳像が戦意高揚に利用されたとして、多くの銅像が取り壊されてしまった。なぜ吉里吉里小学校の尊徳像は取り壊されなかったのであろうか。戦争とか国家権力とは関係なく、農村復興に尽力した面を評価すべきという意向が強かったものと思われる。現在、全国でどれほどの小学校が尊徳像を残しているのだろうか。

尊徳像と吉里吉里人とは関係ないが、小説は東北地方の一寒村が政府に反旗を翻し独立国（吉里吉里国）を宣言する話である。政府を当てにしていては復興はなかなか進まない。だったら勤勉な尊徳を首相にして吉里吉里国を誕生させたい、という気分になった。

『いわて旅街道』（岩手日報社）で、岩手の街道16選として紹介されているのは、今泉街道、気仙沼街道、浜街道、院内街道、盛街道、仙北街道、平和街道、宮古海道、遠野・釜石街道、奥州街道、小本街道、沢内街道、秋田街道、鹿角街道、浄法寺街道、久慈・野田街道、である。

この中で、今われわれが走っているのが「浜街道」である。その説明に、「気仙から八戸へと続く海の旅。三陸沿岸を南北に縦断する遥かなる道のりを行く」とある。われわれはこの街道を津波に襲われた集落を結ぶ道として捉えているが、本書を読んでいくと、幕末には一揆の道であったことがわかる。風光明媚な街道であるがゆえに心が痛む。

一揆に触れている個所を載せておこう（p34より）。

1847年（弘化4）、浜街道は押し寄せる人の波で埋まった。その数1万人以上。三閉伊一揆の勃発である。相次ぐ凶作にもかかわらず増加し続ける年貢。飢え苦しむ農民や漁民。にもかかわらず藩は領内の者に膨大な臨時御用金を命じたのである。農民漁民たちの蜂起は当然の結果であった。浜岩泉の佐々木（切牛）弥五兵衛を指導者に、まず野田の代官所を襲撃。大集団へと膨れ上がった一揆衆は、怒涛の勢いで浜街道を南下し、大槌街道を経て遠野城下へとなだれ込んだのである。この一揆は最終的に一揆衆の訴えに善処するという藩の方針が決定。しかし、その後、藩の裏切りで庶民の暮らしはますます貧困のどん底へと突き落とされたのである。

図25　サンマ丼

図26　宮古、国道106号に津波襲撃（展示写真より）

（5）宮古・田老——万里の長城を越えた大津波

11月6日の昼食は宮古の寿司屋「魚正」でさんま丼。今が旬で750円也（図25）。イカやマグロなど他の丼物が1200円であったから、お値打ちであった。宮古の町中はそこそこ残っているな、という印象であったが、浄土ヶ浜のセンターに立ち寄り津波襲撃時（11日午後3時25分頃）の写真をみたら、とんでもない、その激しさに目を覆った（図26）。

海からはなれた陸地に船が打ち上げられていたが、3・11津波襲撃時に船に乗っていた人は、沖に出て助かった。7月17日の「朝日新聞」に「宮古・浄土ヶ浜　津波に耐えた遊覧船再開」と題した記事があった。語りの主は遊覧船船長の坂本繁行氏（62）。要約して載せておこう。

「浄土ヶ浜は、青く澄んだ海にとがった白い岩が点在。かつて訪れた僧侶が『さながら極楽浄土のごとし』と語ったとされる。3月11日、坂本船長が第16陸中丸で遊覧を終えて港に戻った直後に、地震が起きた。『津波が来る』と、すぐに沖に出た。海底が見えるほど波が引き、スクリューは海底すれすれだった。3キロ沖にとどまり、翌日は燃料の残りが心配でエンジンを切った。40キロ漂流した末に港に戻ったのは2日後の朝だった。遊覧船の運航再開が決まったのは6月下旬。運航員は減り、近くの海水浴場も今夏の海開きは中止になった。それでも、船から見える浄土ヶ浜の岩々は変わらぬ姿を見せる。岩の間に生える松には薄緑の新芽が出ていた。坂本船長はそんな姿を見てほしいと語る。『人が作ったものは壊れたが、自然は残った。その事実をお客さんに見てほしい。震災をどう考えてくれるかな』（森本未紀、伊藤智章）」

浄土ヶ浜遊覧船観光はあきらめて、本日最後の目的地、田老町（2005年新里町と合併して宮古市の一部となる）に向かった。これが、うわさの「万里の長城」といわれた防潮堤か！　海面から10m、陸地から5m、見上げるほど高い（図27）。上に登ってみたら広くてがっしりしている（図28）。北に延びた分枝の防潮堤はその薄さゆえ跡かたもなく破壊されてしまったが、本堤防は、堂々と残っている。堤防を越えた津波で住宅地はすべて流されてしまって跡かたもない。何もかもなくなってしまった町に、防潮堤だけが異様に聳えている。図29は防潮堤の上から町域を眺めた光景だが、背後の山は急峻で、そこに十分な宅地造成用地を見出すことはできない。高台移転は無理だな、と思った。

避難生活をしている住民は果たして田老に帰ってくるのだろうか。被災にあった平野部へはと

図27　田老の海面高10mの防潮堤

図28　防潮堤の上

図29　田老町全景

ても怖くて戻れないであろう。まさか防潮堤の中に住むことはできないし、どうしたものか。従来にはない斬新な復興プランを編み出さねばならない。

(6) 南相馬市と放射線量——職場も医者も半減し、町は年寄ばかり

11月6日の午後3時ころ、三陸巡検を終えて宮古から盛岡へ向かう。盛岡駅前の冷麺屋ぴょんぴょん舎で夕食をとり、東北自動車道で仙台に向かう。東横イン着が8時ころ。中日V2達成の瞬間に間に合った。長旅の疲れも吹っ飛び、心地よく就寝できた。

翌7日は渡辺氏の叔母さん夫妻宅のある南相馬市を訪ねた。早朝6時40分に朝食をとり、仙台駅前を2ブロック南に走り、7時10分発の相馬行きバスに滑り込みセーフで飛び乗った。鉄道が運休ゆえ、バスが代走してくれてはいるが、時間がかかる。乗り換えの相馬市では市役所と相馬駅で1時間をつぶし、南相馬市に向かった。

バスの窓から、黄色のじゅうたんに目がいった。何だろう。よく見るとヒマワリだった(図30)。夏の風物詩のひまわりがなぜ今咲いているのか。不思議だったが、放射性物質の吸収率が高いということでヒマワリが栽培が奨励されたことを思い出した。その後の調査結果で、効果なしと出たのは残念であったが、11月になっても花

図30　南相馬のひまわり畑

を咲かせ、がんばってくれているではないか。きっといっぱい吸っていてくれるに違いない。昨日まで津波跡の荒廃した景色を見続けてきただけに、美しき農村風景であった。

11時5分JR常磐線の原町駅のバス停に着いたら、渡辺氏の叔母さんが迎えに来てくださっていた。おしゃれな駅前図書館、医師・看護士が少なくなってしまった大町病院、それにシャッター商店街、これらを見ながら徒歩10分で叔母さん宅に到着。この間、すれ違った人も車もごくわずか。「野馬追」の標識だけが目立った（図31）。

図31　南相馬の野馬追い標識

図32　佐々木ご夫妻に聞き取り

お宅にお邪魔して書斎兼応接室に通していただき、3・11後の苦労話を滔々と語ってくださった。ご夫妻ともに70歳代前半で叔母さんは元小学校教員、夫の佐々木昭夫氏は元双葉高校教員。お二人とも語りの名手で、一つ質問すれば、十の答えが返ってくる（図32）。

以下、佐々木昭夫氏がわれわれのために記してくださった震災後の南相馬市の苦悩を掲載しておきたい。

あの震災から11月11日で8カ月経過します。当地方にとっては原発事故のおまけまでついた未曾有の体験でした。ここらでこれまでどんなことに苦悩し、この問題に今後どう寄り添って対処すべきかについて私見を纏めておきたい。

①相双地方の現況について

原発事故後、政府は当初同心円状に20㎞圏を警戒区域、30㎞圏を屋内退避のち緊急避難準備区域に設定しました。その後、高線量の地域を計画的避難区域、ホットスポット地点を特定避難勧奨地点に指定し避難地域を拡大しました。この指示に従い双葉地区の住民は一斉に県内外に避難し、数次の避難を経てようやく現在の仮設住宅に落ち着くに至っています（一部は見なし住宅と称する民間の賃貸住宅で対応）。この間、計画地区の住民の強い要望もあり、何度か一時帰宅を実施してきましたが、参加してきた人たちは、故郷の惨状を目の当たりに見て、帰宅など当分不可能ではないかという思いになっているようです。政府は第2ステップ後に区域の解除を模索していくといっていますが、現在のところ将来のビジョンどころではなく、避難生活の長期化に伴い、ますますおい込められてきているのが現状です。

これに対して南相馬市は、小高区民は警戒区域、原町区民の一部は警戒区域、一部は計画的避難区域、一部は特定避難勧奨地点、大部分は緊急避難準備区域に、鹿島区民の大部分は

30㎞圏外で、何ともややこしい5つの地区に区分されることになりました。そもそも当地方は、津波によって650余名の犠牲者を出すなど海浜の集落では壊滅的な被害を受けているだけでなく、5区分ごとに当面の課題が多様で、この天災と人災の複合した事態の前に地域ごとに対処の仕方にも微妙な違いが出てきているようです。以下、南相馬市に関して、当面の課題を模索したい。

②線量に対する不安

南相馬市では事故後半年経過した9月30日、原町区の大部分がようやく緊急避難準備区域は解除されました。しかし、避難した人はほとんど地元に戻ってきていません。地区の小中学校12校のうち5校が再校したものの、残り7校は除染が十分ではないとのことで3学期にずれ込むようです。緊急避難準備区域が解除されたのです、避難先からの帰還が進むと期待されたのですが、実際はほとんど戻らないのです。帰還が遅れている最大の理由は線量に対する不安が払いきれないところにあるようです。指定解除後、各学校と通学路の除染は実施されましたが、地域の生活圏の線量に不安が残る限り帰還は進まないのが現状です。10月17日の一部再開時点で、小学校では震災前の4割、中学校では5割の児童生徒しか戻っていない状態です。残りは県内や県外（何と地元に残留した子供と同数の4割に達する）へ転校した児童生徒はそのままです。

子供たちにとって最大の不安は放射線の不安ですから、これを解消するには市をあげての除染で、児童生徒が安心して戻ってこられる生活環境を作ることです。幸い地域に戻ってきた人たちも多数いるので、市の計画で市民の協力を得て独自の除染作業を取り組まねばならないと思う。除染は原因者の東電がやるべきは当然だが、それではいつまでたっても環境の浄化はなされません。放射能物質は高い地点から低い地点に流れるように移動し、次第に高濃度化し長期残存するのですから、最終的には終末処理場にはかなり高濃度の放射能物資がたまるようになるはずです。よって、今回の事故では放射能物質は広大な範囲に拡散したので、除染は一回で済むのではなく、除染はかなり長期間にわたると覚悟しなければなりません。

ところで、放射線は癌を誘発すると恐れられていますが、放射性物質は人体のどの部分に蓄積され、線量的にどのレベルまでなら安全なのだろうか。政府ははじめ20mmSv/年までは安全といっていましたが、昨今は1mmSv/年まで下げています。これは話題になっている時間線量で言うと0.15μSv/hで、かなり厳しい数値です。今回の原発事故に従事している作業員の許容量ははじめ200mmSv/年でしたが緊急措置として250mmSv/年まで引き上げています。一般市民の場合はその1/10の20mmSv/年と設定していました。これは国際的にもかなり厳しい数値で、この数値で安全は十分確保されるはずだという見解を取ってきました。今回追加指定されたホットスポットの特定避難勧奨地点はこの20mmSv/年で、これは日常生活では2.3μSv/hで、避難するかどうかは個人の意思に任されています。片方で20mmSv/年といっていながら、一方では、1mmSv/年以下を目標とするなどといっているのです。これでは、政府はどのレベルだと安全だという科学的な根拠を持ち合わせていないという実態をさらけ出したことになります。

これまでに人類は十分でないかもしれませんが、広島・長崎の被爆体験をもち、スリーマイル事故、チェルノブイリ事故、医療用アイソトープ技術などでさまざまな経験を積み重ねてきたのですから、累積線量がどのレベルどの程度の遺伝子破壊が起こるかはそれなりのデータを持ち合わせているはずです。この数値を設定できないいため、いたずらに人々の不安をあおりたてる事態を引き起こしているとすれば、科学者としての怠慢というべきです。原発はまだまだ未解決の部分が有るのに、安全だとして信じ込まされて原発を容認させられてきた国民はあまりにも惨めです。

政府は今の水準ではどのレベルなら安全だという基準を明確にする必要があります。政府はその基準が達成されるまで環境の回復に努めなければなりません。それにしても地域住民は、ここまで広範囲に拡散してしまった汚染と現在もそして将来も向き合っていくしかないのです。将来の根本的除染技術開発されるのを期待して、根気よく除染を続けながら安全な生活空間を確保し、これを拡大するしかないのです。事故責任の追及は今後の課題として、今取り組まねばならないことは、各自治体が計画的に、専門業者の力を借りまた地域住民の協力を得ながら除染活動を進めていくしかないのです。

③若者や若い親が帰郷できる環境をつくるために

次に子供たちと一緒に避難している若者や若い親たちの帰還をどう進めていくかです。今回の諸般の事情で働く場を喪った人たちも多数いると思います。そのうち戻れるだろうと思っていたのが、避難が長期化するとともに事業所も一時休業や破産に追いこめられ、そろそろ新たな人生を考えざるを得ない事態に追い込まれている人たちも多いのです。子供たちの放射線に苦慮しながら、同時に家族の生活を維持していかねばならない辛さを抱えながら懸命に生きていかねばならないのです。

故郷を再生させるためには是非とも若者は勿論、若い親子そろって帰郷してもらいたいのです。そのためには働く場を確保しなければなりません。一刻も早い事業所の再開、企業の創設が緊急の課題です。過日、就職相談会が行われたのに、相談者が少なく成果があがらなかったと報じられていましたが、はたして県内外に避難した人たちを戻すための相談会になっていたかどうか検討する必要があるのではないでしょうか。雇用形態が多様化しているとは言うものの、できれば以前の職場に戻りたいのが人情です。事業所の再開は風評被害で非常に厳しい状況にあるといわれています。後で追加指定された計画的避難区域の川俣町や飯館村の事業所は、指定後も操業を続けてきましたが、結局は廃業の危機に追いこめられているようで、現実は相当厳しい状態にあるようです。どうしても企業努力にも限界があるでしょうから、以前にも増して資金面だけでなくもろもろの支援が必要です。稲作を始め農産物の生産自粛で、買い物に行っても県外産の物しか並べられていないのでは困るのです。中には地元の農産物を求めている人もいるのです。それこそ、市が率先して地産地消につとめるべきです。勿論、規定線量をクリアしていなければなりませんが。

新たに企業誘致できれば雇用は増えるだろうが、最近の産業の空洞化が進む中ではあまり期待できません。そこで、市が新規の事業を起こすべく工夫して欲しい。たとえば、津波で何もかも喪われた地域をどのように復興させようとしているかは不明だが、いくつか水耕栽培などの企業的農業を創設して南相馬の特産物を生み出したい。また、新規事業で注目すべきは除染に関する事業である。これまでも指摘したように、除染（汚泥処理）はここ十年単位の事業になると予想される。これまでに排除された汚染物資は何としても処理しなければならず、当面各地で仮置き場に苦慮しているが、いずれは中間保管施設（30年度）へ、そして最終施設（県外）に移されることになっている。いずれにせよその量は膨大になることが予想される。原子炉（10基）の廃炉化も30年はかかると予想されるだけでなく、広範囲に拡散された汚染物の除去にも同程度の年月がかかると思われる。国家的事業になると思われる汚染物資処理センターの構想は、かろうじて自治体としての機能を維持している南相馬市こそ担当すべきである。また、原子力に替わるエネルギーとして、太陽光発電、風力発電、海洋風力発電、潮力発電、地熱発電などいろいろな提案がなされているが、原子力汚染の犠牲となったこの地域の再生のために、最優先的に導入されるように働きかけていきたい。むしろ、起業のチャンスとしていきたい。

④医療施設等の早期復旧を目指せ

事故直後から当地方は屋内退避、そして緊急避難準備区域に指定され、地区内の各病院の入院患者は30キロ圏外に移送されてしまった。この結果、市内の各病院は事実上休業状態に陥った。同時に医療スタッフの大半も避難したので完全に機能麻痺の状態に追い込められてしまった。やむを得ず市内にとどまっていた市民（約1万人）もいるのにかかわらずかかる現象が起こってしまった。身近なところでも、通常だったら何とかなった患者も死期を早めたと思われる事例も多々見てきた。その後、一部入院患者の受け入れが認められるようになったが（公私あわせて4総合病院で200床まで）、医療スタッフの確保ができなくて、残されたスタッフで細々と診療がなされている状態で、従来の業務の半分まで回復していない。それでなくても地方での医療確保が厳しいのに、一度失われたスタッフを戻すのはまことに難しいのが現状です。このままでは市民はまともな医療が受けられない状態が暫く続くと予想され、地域の医療体制はまさに危機的状況に立たされています。介護施設も同じような状況に立たされています。

過日、小高病院が市立南相馬総合病院に統合されると報じられていましたが、この病院を広島原爆病院のような特殊な病院に編成変えしてもらったらいかがでしょうか。福島医大は原子力医療の医師を育成する研究機関、小高病院は治療機関とするのです。いずれ、保障の一環として、被爆手帳などを交付して長期間継続的に若者の健康を追跡調査していかねばならなくなるでしょうから、調査と治療のセンターとしての役割を担うようにすればよいのです。小高病院の近辺は線量もさほど高くないところなので、地域医療の一環を担いながら拡充発展させる方途はいくらでもあると思う。安心して医療診療が受けられる体制を構築するのも、避難市民を帰還させることにつながると思われる。

⑤交通網の復旧再開に向けて

今回の事故でJR常磐線並びに福島・常磐交通のバス路線などがストップしたことは地域の復興に重大なネックになっています。このままだとJRの復旧は相当先になるといわれています。原ノ町〜相馬は間もなく開通するようだが、新地駅近辺の流失により亘理までの区間は再開の見通しは全く立っていない。原ノ町〜仙台は通学の大動脈になっていることを勘案すると、この間の不通はダメージがあまりにも大きい。また、原ノ町〜平（広野〜平間は復旧したようだが）も仙台と同じように重要路線だ。ましてや、これは上京手段としては市民にとって不可欠の存在になっています。確かに、輸送手段は鉄道だけではなく多様化しているので旅客数は減少しているようだが、乗り換えなしで上京できるのは最大の魅力になっていました。

一方バスは、福島交通・常磐交通とも路線バスは事実上運休状態が続いています。このため、小中学生が鹿島区の小中学校に通うのや、高校生が相馬のサテライト校に通うのには各社のバスを借り上げてかろうじて急場をしのいできたが、今後は指定が解除されたのにともない、平常の路線バスの復旧が急がれます。この事故のために手段が断ち切られ南相馬市はまさに陸の孤島状態にされていたが、この不自由さは当分続くようです。

以上、少々長文になったが、佐々木氏の語りは、氏の元勤務校が福島第一原発のすぐ近くの双葉高校であったこともあり、放射線に対する恐怖が詳細に記されている。

図33　南相馬市役所前の放射線量（11月7日）

南相馬市の中で佐々木家は福島第一原発から20㎞～30㎞圏に位置し、現在の放射線量は南相馬市役所に設置された測定器によれば1時間あたり0・54マイクロシーベルト（図33）で、文部科学省が野外活動時間を制限する校庭の基準値3・8マイクロシーベルトを下回っているので、人体に影響はなく安全である。しかし、子をもつ親にとっては安心とはいかず、10月に学校が再開されても、帰ってきた児童は40％程度だという。昭夫氏の発せられた「**職場も半減、医者も半減、町にいるのは放射線を浴びたって平気だ、という年寄りばかりです**」との嘆きが強く耳に残っている。

第3章

過去帳は語る

――寺詣で学んだこと　2012年11月

図１　閖上中学校の校舎正面

（1）閖上――安全神話の貞山堀が命取り

11月10日（土）の午前9時30分、土屋純氏がホテルにお出迎え。東北被災地巡りの初日のドライバー兼案内人である。本日は土屋カーだが、明日からは私が１人になるので、まずホテルの近くのレンタカー店に寄り、11日～13日の3日間の車の予約をする。マツダのデミオで保険に入って2万１０００円。

さて本日最初の目的地は閖上。昨日ＮＨＫスペシャルの生々しいビデオを見た場所だ。昨年6月に訪れた場所でもある。閖上中学校の校舎正面の時計は昨年撮った写真そのままの地震発生時の2時46分を指したままだった（図1）。津波で亡くなった中学生14名の碑が玄関前に建てられていたので合掌する（図2）。昨年

図２　津波で亡くなった中学生14名の碑

図３　黒板に3.11の日直「明日香」

は自由に入れた校舎であったが、その後多数の人が押し寄せたこともあろうか、立ち入り禁止の張り紙がしてあり、中には入れなかった。校舎を1周してみた。校庭にはブルドーザーが入り全面改装中であった。3艘打ち上げられていた船は撤去されていた。外から教室の中を覗くと、泥まみれの床は清掃されており、本棚に散らかっていた教科書・ノート類も片づけられてなくなっていた。卒業式であった3・11の行事予定表もはがされ、サッカー選手本田圭佑のポスターもなかった。音楽室の床に散らばっていた楽器類、コンクール賞状もなかった。ただ黒板には津波の水深の跡がくっきりとついており、当日日直であった「明日香」という文字も残っていた（図3）。玄関前の碑に記された14名の中に「樋口明日香」とあったので、いたたまれなくなった。津波が来たのが3時55分。卒業式の行事があと2時間続いていたら、あるいは津波があと2時間早く来ていたら、生徒たちは下校せずに学校にとどまり、全員助かったのに、と自然を恨まざるをえない。

中学校を後にして海岸方面へいく。荒涼とした風景は1年半前と同じ。新築の家はなく復興の兆しもうかがえない。そんな中でポツンと流されなかったお寺があったので近寄ってみた。建物の外枠は残ったものの中は何もなかった。曹洞宗東禅寺とあった。この寺は１９７８年（昭和53）の宮城県沖地震で本堂が半壊しており、改築に当たって寄付をした檀徒が多数いたが、その芳名板が無残にも今回の津波でたたき落とされていた（図4）。

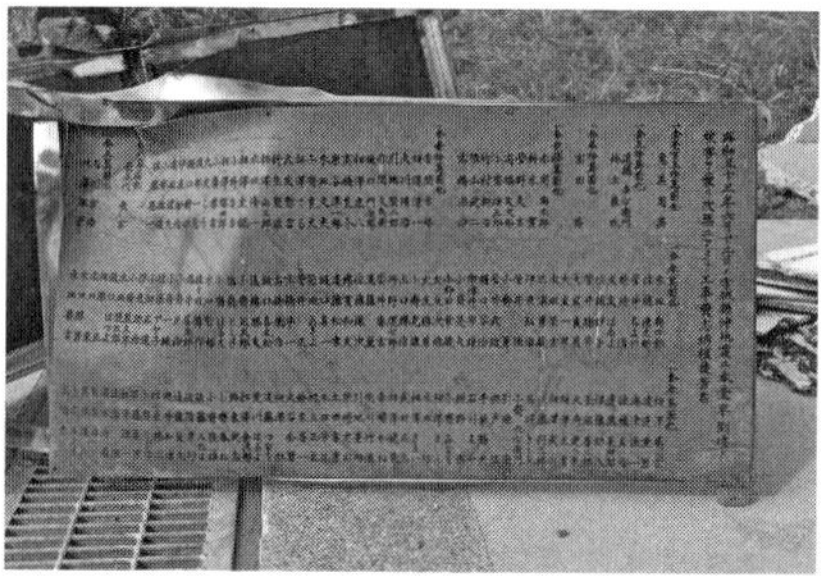
図４　宮城県沖地震（1978 年）の東禅寺芳名板

図５　津波直後の日和山周辺（2011.3.25）
（現地案内版より）

さらに海の方に移動し、日和山に登った。標高10m弱。津波はここを乗り越え、山にあった石碑を流し落とした。名取市海岸部の大平野の住宅すべてが流され水没したが、住民はこの山に登ったとしても助からなかった。掲示板にあった津波後2週間目の3月25日の写真（図5）を見ると家の土台のコンクリート枠は残っている。図6は今回（2012.11.10）日和山から東南方向をとった写真だが、そこには何も残っていない。復興の気配すら感じない。今後この平野部に戻りたい人は生き

図６　日和山からみた東南方向

図７　日和山からみた閖上２丁目

残った住民の50％を切るという。しかし50％を切るとはいえ相当数の人が住むとなると、平野部での津波対策付き都市プランは精巧を期さねばなるまい。

昨年（２０１１年）６月に日和山から荒涼とした風景を眺めて、流された家の土台の比高30～50㎝のコンクリート土台が残っているではないか！　ここに寝転べば助かる！　と直感して思いついたのが半地下シェルターの「やどかり」プランである。できたら新築の家には必ずやどかりの部屋をつくることを義務づける。日常使うトイレをやどかり部屋にしたらいい。ＮＨＫの朝ドラ「純と愛」での決め台詞、「困ったときにはトイレに行こう」を実行しようではないか。高圧力に耐えうるカプセルが数十万円でできるという。立派なやどかりトイレを１００万円でつくろう。１５００戸にサービスしたって15億円。比高20ｍの防波堤をつくるより１００分の１の予算で済む。

日和山から東北方向の２丁目を見たのが図７で、そこには東禅寺がかろうじて残っているだけで、他の家屋はすべて流されている。閖上地区で最も死者の割合が高かったのが2丁目である。日和山階段口にたてられていた掲示板の風景写真をみてみよう。津波以前は図8のような町並みがあって、民家でぎっしりと埋まっている。それがすべて流された。その海側に走っているのが伊達政宗が物資輸送用に開削した貞山堀（図9）で、住民は「津波が来ても貞山堀を越えてくることはない」という言い伝えを信じていた。実際、チリ津波の際もほとんど被害はなかったという。だから今回も大丈夫だと住民は安心しきっていた。貞山堀の海側の日和山がある地区も壊滅的であった点は変わらないが、住民は早めに逃げたので、死者率は2丁目に比べて少なかったという（図10）。

図8　津波前の２丁目の町並み（現地案内版より）

図9　津波前の貞山堀の風景（現地案内版より）

　これとまったく同じ話を、昨年、大船渡で聞いた。家がすべて流された海沿い、河川沿いの地区の人々は素早く非難したが、内陸部でチリ津波の時は大丈夫だったから今回も大丈夫だろうと安心していた地区の人々に多数の犠牲者がでたという。

　昔からの言い伝えとは信ずるもので、

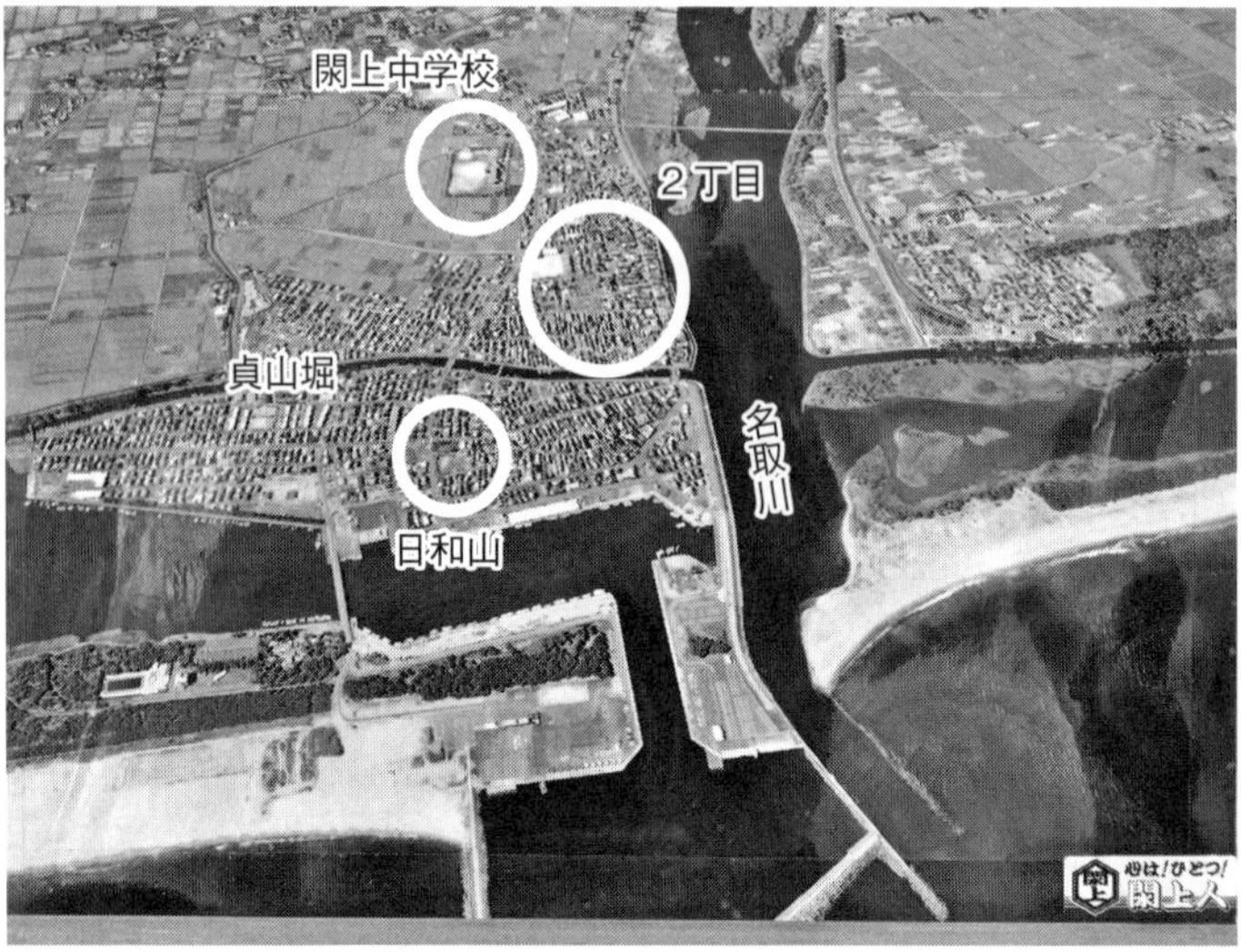

図10　津波被災以前の閖上地区

それを信ずるなとはいえない。安全神話などないと言っても、説得力がない。

仙台平野の復興に関しては、10分も走れば丘陵地にたどり着く三陸の諸平野と違って、図6、7に見られるように大平野だから、そこには各町内に5階以上のビル（学校、病院、公共施設など）をシェルターとしてつくる必要がある。図8の2丁目にみられる2階建では埒が明かない。それでも足りないと思われるから各家にやどかりトイレがあるといい。

（2）塩釜・松島――おいしおがま丼

午前11時、閖上を出て、やはり壊滅的であった仙台平野の若林地区、荒浜地区を経て、仙台港を見て、多賀城市を通り、塩釜市に入った。マリンゲート塩釜で昼食、おいしおがま丼（図11）を堪能する。食後にソフトクリーム200円。

中部地方の観光地のそれより100円安かったので手が出てしまった。松島湾沿岸諸町村は松島湾に浮かぶ諸島が緩衝となって津波の被害が少なかったという。有人島もいくつかあるので、次回訪問時には遊覧船（図12）に乗りつつもどこかの島に上陸し聞き取りしてみたいと思う。

食後のコーヒーをということで、松島湾に面したお気に入りの茶店を訪ねたが、観光客が多すぎて断念せざるを得なかった。松島までは鉄道で行けるのでここの観光商店街は大繁盛であった。ところがそこから石巻方面への仙石線はいまだ復旧の目途が立たず、野蒜駅は閉鎖されたままであった。野蒜駅が面する石巻湾には島ひとつない。松島湾側と違って壊滅的な被害を受けたのもうなずける。

図11　おいしおがま丼

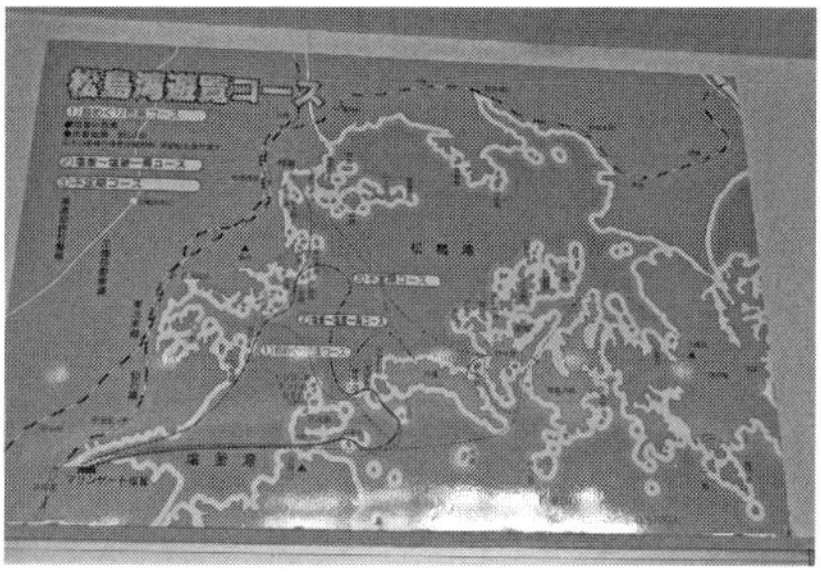

図12　松島湾遊覧コース

（3）石巻・女川——消えてしまった地理研石巻実習時の宿と女川港

11月10日の被災地巡検の最大目的地は1に閖上、2に石巻であった。

なぜ石巻かというと、1999年に名古屋大学地理学教室の実習旅行で宿泊した旅館が心配だったからである。

宿は石巻駅から海岸方面へ歩いた旧北上川添いにあった。私が宿に到着したとき、フロントでもめごとがあったのでその場面をよく覚えている。東京からはるばる車でやってきた院生の内田君が駐車場で愛車のタイヤが外されて盗まれた、と訴えていた。タイヤについてのその後はよく覚えていないが、フロントに入って宿のご主人と長話をしたことが記憶に残っている。氏は元遠洋漁業漁師で、赤道方面までマグロ捕りに出かけた冒険談もさることながら、瀬戸内海が怖かったという話が興味深かった。瀬戸内海は船が多いので安全確保のため甲板での見張りなどの仕事が多くきつかった。マストに登って、落っこちて、腰をたたきつけられ入院されたそうだ。

図13　門脇小学校

こんな印象深い実習初日であったので、今回の津波で宿は大丈夫だったのであろうか、と非常に気になっていた。何せ、犠牲者は石巻市でもっとも多い、と報道されている。その石巻市内でも宿のあった場所は海に近く津波をまともにくらっている。当時名大地理研の助手であった土屋氏と旅館めざして車を走らせた。

門脇小学校（図13）、宿は確かこのあたりだったような。それにしても小学校は壊滅的であった。海岸から数百メートル。津波の直撃を受けたばかりでなく、4階までまるこげであった。火の車が流され教室中に火が回ったようだ。背後に日和山があり、それが津波の防波堤になったのだが、手前の小学校と居住地区には仇になったともいえる。

不吉な予感が当たってしまった。宿のあった場所はただ枯れ草が茂っているだけだった（図14）。「遠洋漁業に行っていて助かった」なんて声が聞かれるといいのだが。……奇跡を信じよう。

石巻を復興させねばならない。そのひとつが漫画による町おこしである。石ノ森章太郎の萬画館が旧北上川の中州に残っている。石巻駅に行ってみた。仙石線はまだ復旧していないのに駅舎は小奇麗にリニューアルされていた（図15）。コーヒータイムに「えき」（駅にある喫茶店の名前：

図14　地理研実習旅行時の旅館跡

図15　石巻駅

図16　喫茶「えき」

図 17　石巻日本製紙工場

図16）に入った。石ノ森漫画のキャラクター人形がズラーっと並んでいた。彼らがきっと、「えき」のお姉さんたちとともに、石巻の人たちを勇気づけてくれるであろう。

もう一つ、意外な結びつきを紹介しておこう。今年の8月末に富士市の元吉原に出かけた。UCD（カリフォルニア大学デービス校）で知り合った中村勝芳氏（現在は静岡県浜名高校教諭）の実家に立ち寄った時、彼の家から富士山が目の前に迫ってみえたが、その富士山を曇らせるように製紙会社の煙がモクモクと出ていた。煙突反対運動の影響なのか、経営不振が原因なのか、10月から石巻に移転することが決まった、という話を聞いていた。石巻日本製紙工場（図17）、これは富士市からの応援によって煙を吐いているのだな、と思った。

さて、午後3時過ぎに、本日の最終目的地の女川へ向かった。今回で震災前の1999年8月、震災直後の2011年6月についで、3度目の訪問である。港に着いたが何もなかった。賑やかだった商店街も民家もなかった。3階建てのコンクリートビルが津波で横転したままになっていたのは、小雨が降り出したこともあって、不気味だった（図18）。

仙台への帰路、万石浦添いのマリンパル女川おさかな市場に立ち寄った。希望のさんま昆布巻

図18　女川港近くの横転ビル

図19　万石浦

きを買って、その売り手のおばさんに聞いた。「津波どうでした?」、「ここは大丈夫でしたよ。万石浦の出入り口に架かっている万石橋に船が引っ掛かって、波が浦の中に入ってこなかった」とのことだ。図19はおさかな市場からカキの養殖場となっている万石浦と石巻湾に通じる万石橋方面。

本日の巡検の締めは仙台駅近くの老舗で牛タンを堪能。運転役の労をねぎらうためにビールをすすめたかったが御法度なのでそれは止め、代わりに近くのスタバに寄ってカフェラテを御馳走する。

(4) 陸前高田の長円寺——幕末に巨大隕石が落ちた寺

今回の東北被災地巡検の目的は、①昨年訪問した被災地がどの程度復興しているかを見聞すること、②寺院を訪ねて過去の津波被害を聞かせていただくこと、この2点であった。

今回、原口強・岩松暉『東日本大震災津波詳細地図・上巻』(古今書院、2011年)を参照し

図20　鹿折唐桑駅近くに打ち上げられた共徳丸

て津波浸水範囲を免れた寺院を6カ寺選んで、10月初旬に寺院資料閲覧願を出し、後日電話する旨伝えておいた。そして1カ寺から不許可の通知が届いたものの、他は歓迎しますという対応であったので、気が楽になり、余裕をもって訪問する心構えができた。

午前9時：ホテル・フォーリッジ仙台発、9時20分：マツダレンタカーを借り、出発。泉中央から東北自動車道に入り、10時30分に一関ICで降り、JR一関駅前を散策。国道284号線で気仙沼方面を目指す。11時30分に千厩で小休止。北上山地中央にあり、かつて三陸の海の幸を内陸部に運んだ時代、その中継地として栄えた町だ。ここから陸前高田の長円寺に電話し、午後2時に訪問する旨伝える。

気仙沼に正午に着き、前回訪ねた港町レストラン「鮮」に入る。あぶりさんま棒寿司＋うどんで700円、それに海鮮餃子400円を追加。食後、同じ建物の中の「お魚いちば」をのぞき、「昭和のあじ」と袋に記された魚の形をしたオレンジ色のあられと気仙沼の焼のりを購入。

午後1時に「お魚いちば」を出て、10分ほど行って、JR鹿折唐桑《ししおりからくわ》駅近くを通った時、巨大な船「共徳丸」が打ち上げられたまま残されていた（図20）。

国道45号線沿いで、陸前高田市街に入る直前の丘陵地に長円寺はあった。午後2時ちょうどに到着した（図21）。境内に四国八十八ケ所巡りができるように霊場がこしらえてある。さすが真言宗。空海像もあり、四国の匂いがする（図22）。

座敷にあげていただき、閲覧理由（災害史研究のため、檀家死者数を年月日別に数えるだけで、個人情報は公表しない）と説明したらすぐに、過去帳を出してくださった。江戸時代の冊子はバラバラになっていて読みにくいが、どうぞということであった。1625年（寛永2）から1911年（明治44）までの287年分が2分冊で記録されていた。1日、2日という日付ごとの記載なので、年月日別に並び替えねばならないが、さらさら眺めると天明4、5年の飢饉時の死者が多そうである。

図21　長円寺入口

図22　長円寺本堂と空海像

撮影後、ご住職との会談。現在檀家数約300戸で、今回の津波で86人が亡くなったという。お寺は丘陵地にあるが、その下の湊地区には大津波が押し寄せてきたそうだ。

長円寺は陸前高田市の南西部丘陵地にあり、奇跡の一本松から海岸沿いの檀家も多い。閲覧させていただいた過去帳は3冊で、1冊目が中世末の1561年（永禄4）から1830年（天保元）まで、二冊目が江戸時代後期の1831年（天保2）から1911年（明治44）まで、そして3冊目が1912年（大正元）から1949年（昭和24）までであった。あわせて389年間の長円寺檀家の死者記録である。ただ1689年（元禄2）までの129年間は欠年が多く記録も不確かなので、実際には1690年（元禄3）から260年間分が比較可能な資料といえよう。個人名は伏せ、年月日別、性別、年齢別（大人か子供の区別のみ）の数のみ記録させていただいた。

最初の2冊は旧暦で1日から月末までの日別の年月記載で、3冊目も旧暦であったが年別の月日記載であった。残念なことに1、2冊は1日目が破損紛失し、13日目と17日目も一部欠けていたので、実際の死者数はその分を上乗せしなければならない。檀家数は江戸、明治時代に比べて大正時代以降はかなり増加したとは伝えられてはいるものの、各年の正確な檀家数は不明である。こうした欠点はあるものの、災害と死者数の関連を見るうえでは貴重な情報を提供してくれる。ここでは、期間は不ぞろいであるが、冊子ごとの3時期に分けて死者数の推移をたどって、いつが危機的な年（平均死者数の1・5倍以上の死者が出た年）であったかを検討してみたい。

第1期（1701〜1830）130年間の死者数の推移は図23に示したとおりである。年平均死者数は14・4人で、その1・5倍以上の危機的な年は、1717年（享保2）25人、1718年（享保3）43人、1747年（延享4）25人、1756年（宝暦6）22人、1773年（安永2）27人、1774年（安永3）26人、1781年（天明元）22人、1782年（天明2）22人、

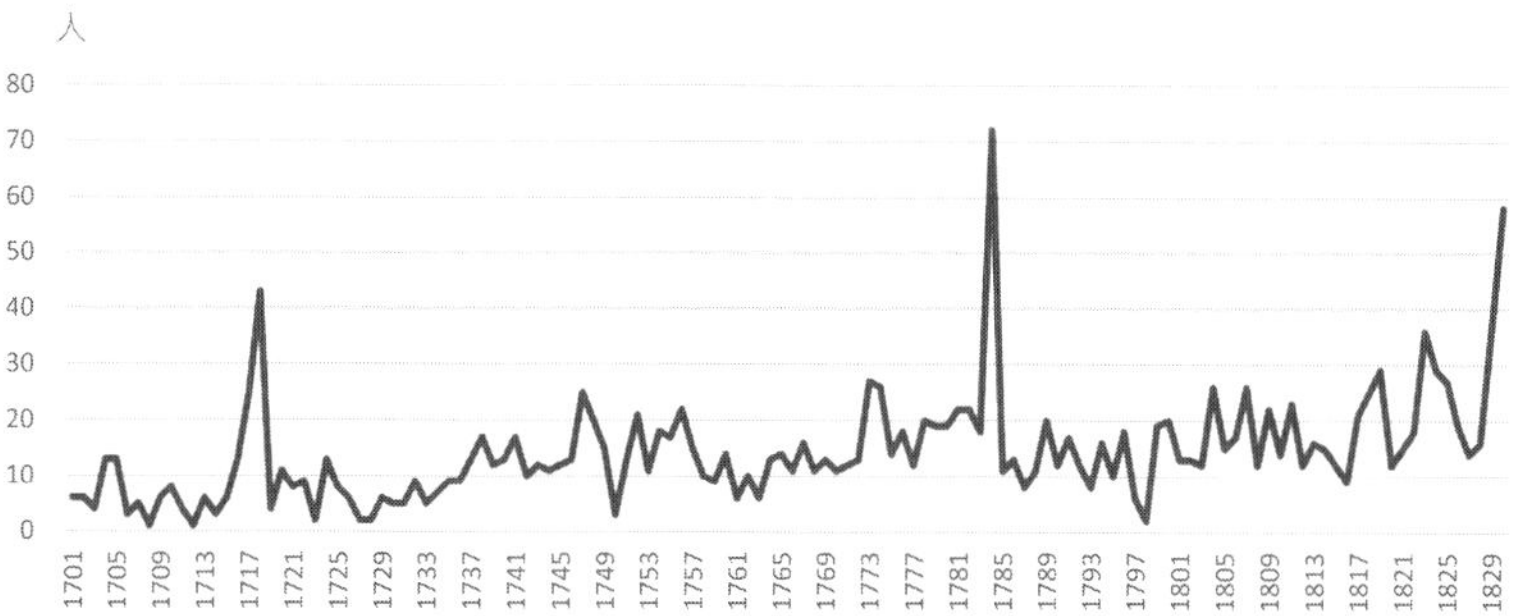

図23　長円寺檀家死者数（1701-1830）　＊130年間の年平均死者数14.4人

そして群を抜いて多かったのが１７８４年（天明４）の72人で、その後20年ほど平穏な年が続くが、文化年間から増えだす。１８０４年（文化元）26人、１８０７年（文化４）26人、１８０９年（文化６）22人、１８１１年（文化８）23人、１８１８年（文政元）25人、１８１９年（文政２）29人、１８２３年（文政６）36人、１８２４年（文政７）29人、１８２９年（文政12）37人、そして１８３０年（天保元）の58人である。

このうち１７１８年（享保３）と１７８４年（天明４）と１８３０年（天保元）の三つの山が目に付く。いずれも江戸時代の三大飢饉といわれる年の前後にあたり、陸前高田のこの地区も三大飢饉から免れることなく多大な犠牲者を出していたことがわかる。

第２期（１８３１〜１９１１）81年間の死者数の推移は図24のとおりで、平均死者数は27・８人であった。この時期で平均の１・５倍の42人以上の死者を出した危機の年は、１８３５年（天保６）の90人、１８３６年（天保７）の63人、そして最大の山を示した１８３７年（天保８）の１４９人を過ぎると、死者数は20人程度で安定していた。ただその中で１８４５年（弘化２）55人、

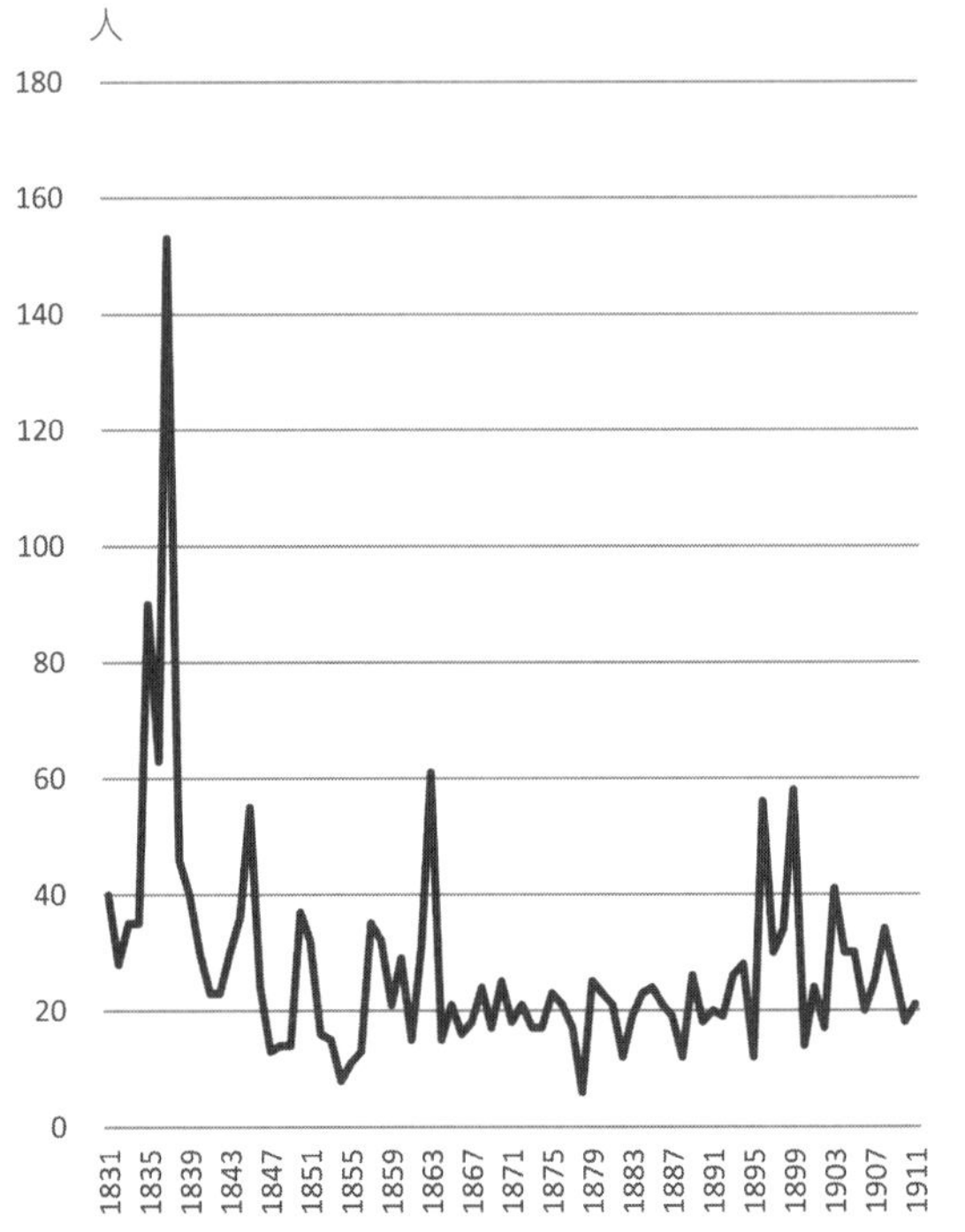

図24　長円寺檀家死者数（1831-1911）
＊81年間の年平均死者数27.8人

1863年（文久3）61人が多く目立っていた。前者の原因は不明だが、後者については全国的にハシカ・コレラが蔓延した1862年（文久2）の翌年ということもあり、この地にはやや遅れて伝染したのではないかと推測される。というのは、同年の死者61人中50人が2月から5月に集中しており、しかもそのうち41人が子供で、短期間で子供の犠牲者が多いという伝染病の特徴を示していたからである。

明治時代に入っても20人前後でほとんど変化がなかったが、1896年（明治29）に突如56人の死者が出ていた。月別にみると半数以上の32人が5月に亡くなっており、そのうちの29人が5月5日であった。新暦では6月15日、明治三陸大津波が襲った日であった。1899年（明治

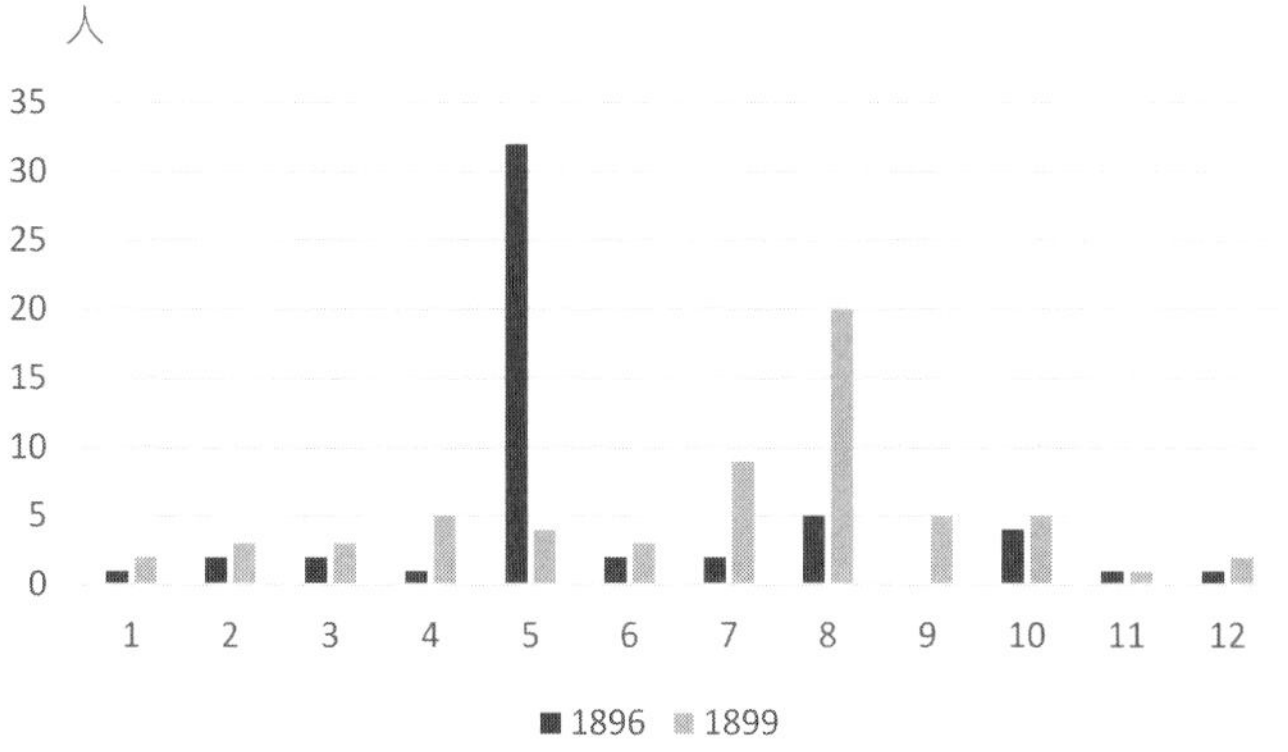

図25　長円寺檀家の月別死者数（1896、1899）

32）もほぼ同数の58人の犠牲者を出している。月別にみると、7月と8月に集中している（図25）。1日に集中してはいないが2カ月間でその年の大半が亡くなるというのは伝染病の特徴で、しかも29人中18人が15歳以下の子供となると、ハシカ、コレラの可能性が高い。ちなみに、1896年（明治29）5月5日の津波の際は大人も子供も犠牲になっていた。

第3期（1912～1949）38年間の死者数の推移は

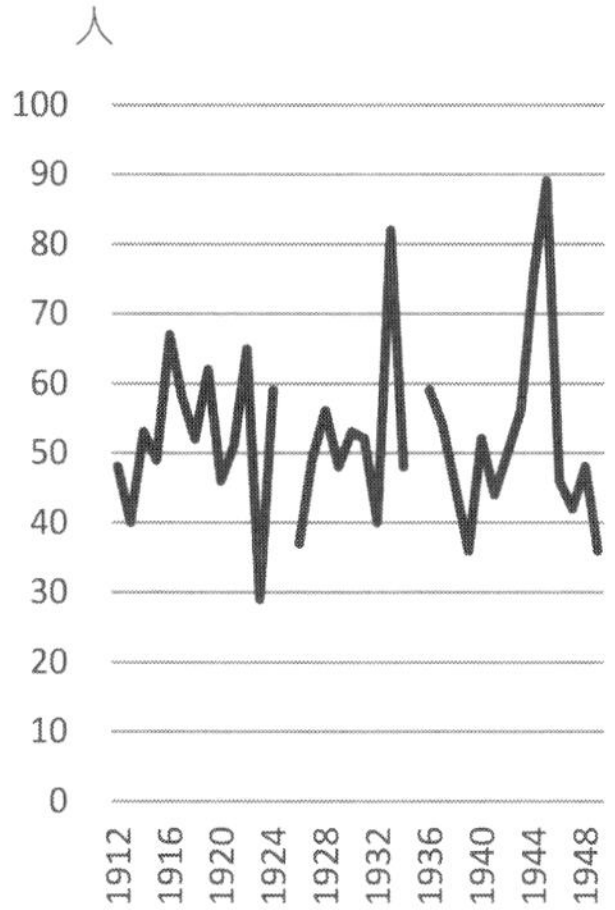

図26　長円寺檀家死者数（1912-1949）
＊38年間の年平均死者数52.18人

図26のとおりで、大正時代に入って檀家数も増えたのか、死者数も増えている。平均死者数は52・1人であった。この時期で平均の1・5倍の79人以上の死者を出した危機の年は2回で、1933年（昭和8）の82人と1945年（昭和20）の89人であった。

1933年（昭和8）とは、その年の2月8日（新暦3月3日）に、大津波が押し寄せた年であった。昭和三陸大津波として知られている。その日1日で32人が亡くなっている。

最も多くの死者を出した1945年（昭和20）とは、第二次世界大戦終戦の年であった。この年の特徴は、若い男性が多数亡くなっていることである。通常男性大人の死者に対しては戒名の末尾に「信士」と付けられるのだが、戦死者には「居士」という名誉な称号が与えられている。総死者数89人中43名が居士であった。第3期の年平均居士数は4人であったので、その10倍もの多さであった。前年の1944年（昭和19）にも76人という多数が亡くなっているが、そのうち34人が居士であった。この両年で多数の兵士が犠牲になったことがわかる。

別れ際にご住職は、「本寺は四国の霊場としてよりも、隕石が落ちた寺として有名ですよ」といわれた。隕石そのものは東京国立科学博物館に展示されているが、落ちて窪地になったところは残っているとのことだ。日が落ちて暗くなったので、そこへは行けなかったが、ここも次回訪問することにしよう。長円寺は陸前高田市の観光名所になっており、ホームページをみると、「長円寺の境内には1850年（嘉永3）に巨大な隕石が落下しました。多くの人に削られた後ですが重さ106kgありコンドライト隕石では日本最大と言われています。現在でも落下地点には石碑と碑文が刻み込まれていて当時の驚いた様子などが窺うことが出来ます」と出ていた。

（5）田老の常運寺——檀家思いの僧侶が位牌を一喝

11月12日（月）、三陸1人旅巡検の2日目、3カ寺訪問の予約が取れた。

「午前9時にうかがいます」と電話を入れたのが宮古市田老町の常運寺（図27）。大船渡の福富旅館から2時間もかからないだろうと余裕を持って7時に出たが、大誤算であった。いきなり大船渡の街で渋滞にはまってしまい、釜石に着いた時には8時を回っていた。これから宮古までは距離でいったら大船渡・釜石間の倍はある。道は空いてはいたが、見知らぬ土地で事故に遭ってはいけないので、飛ばすわけにはいかない。というか、いくらアクセルを踏んでもレンタカーは時速110㎞を超えない。というわけで、宮古市街に着いた時には9時を回っていた。田老町は宮古市でも、市街地から30分は北にある。40分遅刻で、9時40分着となってしまった。

実は常運寺、昨年6月に田老町のあの10mの堤防の上に立ち、堤防内の街が全滅していた光景の中で、山際に残っていたお寺の姿が強く印象に残っていたから、このお寺にはいかねばならない、津波時の話を聞かせてもらいたいという衝動に駆られていた。それゆえ

図27　常運寺

1週間前に電話した際に、副住職の方が出られて、「住職は多忙で無理です」と断られたが、あきらめきれずに3日前に再度電話した。しかし、同じ答えだった。

寺院巡りは、1回断りがあった場合は潔く引き下がることにしているのだが、ここだけはあきらめきれなかった。前日に3回目の電話をかけた。今回も副住職だった。ただ「明日の午前中早ければご住職はお見えになります」とのことだったので、「とにかく訪問させていただきます。門前払いでかまいません。ご住職にお伝えください」と伝えた。こうしたやりとりがあったうえでの訪問であったので、遅刻は許されない状況であった。それが40分の遅刻である。

常（俊）に運があったとしかいいようがない。ご住職が門前で出迎えてくださった。10時過ぎに法要があるので10分くらいしか話せないが、どうぞということで座敷にあげていただいた（図28）。「やどかりプラン、いいんじゃない」といきなり言われて、お茶が出て、話ははずみ、コーヒーが出て、津波が来た瞬間の話になった。以下、住職のことば。

「風が吹いた。強い風だった。学者は信じないけど、強い風だった。灰色の煙が一面に押し寄せてきた。それが津波だった。（常運寺は前方に高さ10m堤防が見える位置にある）あの10mの堤防の上を層になってその倍の波が押し寄せてきた。北斎の版画のような波ではなく水平線一面が盛り上がってきた。そこに黄色い小屋が乗っかっていたが、それは海辺の漁師の小屋であって、一瞬、なんでこんなところに乗っかってきたのだろうかと眺めていたが、堤防を越えた波はあっという間に町を飲み込んでしまった」

勇気を持って津波を見据えた住職の強さに、責任感を感じたが、奥さまの「私は、波が大堤防を越えてからは、あまりに恐ろしくて見ておられず、2階にあがり隠れていました」との言葉に、普通の人ならそうだよな、と妙に感じ入り、逆に津波のすごさが伝わってきた。

「メディアには出ず、報道陣も中に入れないから、敵が多くてね」とご住職。「初七日の時、本堂にぎっしりと入った遺族の前で、ずらーっと並んだ位牌に向かって『ばかやろー』と叫んだら、遠くから眺めていた東京の某新聞記者が書きよったね。『気が狂った残忍な僧侶』ってね。私はね、みんな知ってる人ばかりだから、**ばかやろう、ばかやろう、何で逃げなかったんだ！　ばかやろう！**　悔しくて、悲しくて叫んでしまったんだな」

「1カ月後の法要時に本堂に入りきれなくて外に集まった数百人をこえる遺族に向かって供養のことばを述べようとしたが、涙が出てきて、しばらく声が出なかった」という。皆が泣いても僧侶だけは泣かない、それが普通なのに、この和尚は泣いた。普通の和尚ではない、歯に衣着せぬ、強面のあの豪傑和尚が、である。

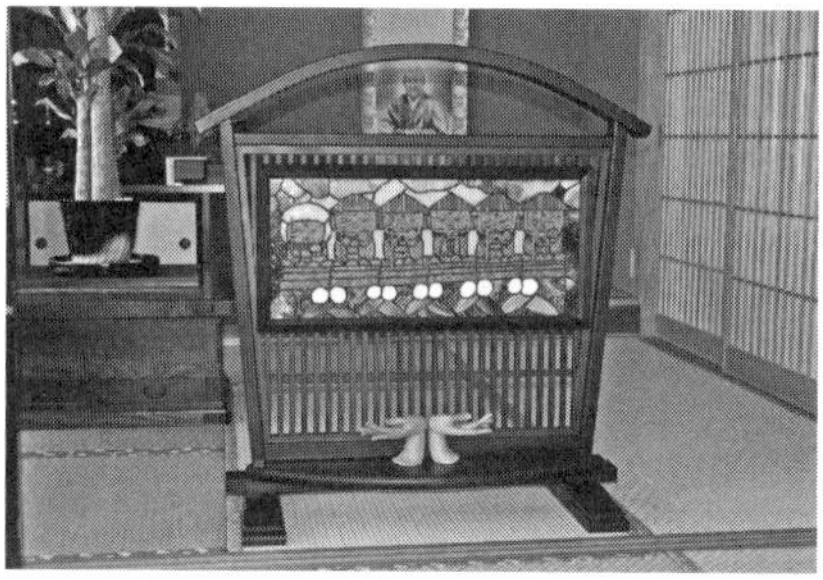

図28　常運寺居間の六地蔵

田老町に寺はこの常運寺1寺のみ。故に住職は町民のことを一番思っている人だということが、言葉は過激だが、話しているうちにわかってきた。「まずは町民を元気づけねばならない。3月末に知人の桂紅雀が大阪から落語をしに来てくれた。そして4月になって「きよしです」と電話があった。誰だろう?……元巨人軍（2012年から横浜DeNAの監督）の中畑清だった。駒澤大学の後輩だったからな。あの調子で住民を励ましてくれた。嬉しかったなあ」（この話を聞いて、私の中畑評がガラッと変わった。今までは「絶好調です」としか言わない能天気な選手。監督になったって、自分だけ目立って、ダメだろう、と思っていた。案の定DeNAは最下位だった。でも震災1カ月半後に被災地にすっ飛んできてくれていた。こんな中畑に感動してしまった。来年からDeNAを応援することにしよう）。

図29　津波記録DVD

あっという間に1時間たってしまい、思い出されたように「法事に行かねば」、といわれ、お暇することになった。お土産に地元限定版の津波記録DVDをいただいた。そこには、「田老3・11から1年」と題して「また私達の町、田老が津波に襲われた。沢山の人が犠牲となり、沢山の家が破壊された。あの日から、騒然の春、支援の夏、再起の秋、復活の冬、1年が過ぎた。私達の田老の1年を記録しました。承諾のない画像もありますが、尊厳をもって大切にします。了承願います。合掌」と記されていた

（図29）。

DVDに記載されていた田老町の津波被害の記録を載せておこう（表1）。

あわせて、『写真特集　津波―Document2011.3.11』宮古商工会議所2011・9・1から、図30は表紙、図31は震災直後の田老町全景。左端上部が常運寺。図32は1面がれきと化した田老町。中央上部が常運寺、右端は市役所田老庁

表1　田老町の津波犠牲者

津波発生年	月日	当時の人口	死者・不明者
1896年（明治29）	6.15	3,745	1859（49.6）
1933年（昭和3）	3.3	5,120	911（17.8）
2011年（平成23）	3.11	4,434	184（4.1）

図30　宮古の津波本の表紙

図31　震災直後の田老町全景（左端中央が常運寺）

舎。図33は元巨人軍の中畑選手の見舞い（4月26日）。これらの写真に加え、中畑氏の心強い言葉**「絶対復興するというプラス思考で頑張ろう！」**が記されていた。

別れ際に本堂横の墓地に案内していただき、1年を機に建てられた津波供養塔を拝ませていただいた。「これはね、奥さんを亡くし家族を失った石工に、泣くなって、彫らせたんだ。辛いけどね」。表には「海嘯《かいしょう》物故者諸々霊《しょしょれい》」と刻まれており、裏には、檀家の犠牲者ら約150人の名前が刻まれていた（図34）。その隣には、明治29年6月15日（図35）、昭和8年3月3日の大津波

図32　一面がれきと化した田老町

図33　元巨人軍の中畑選手の見舞い

図34　平成の大津波供養塔

図35　明治の供養塔

図36　昭和の供養塔

図37　大堤防から見た田老町中心部
（左手奥が常運寺）

供養塔（図36）もあった。3回合掌。

　最後に万里の長城の堤防に登り田老町の町を眺めたら、大きな道がつくられていて、道と空地の町に変貌していた（図37）。

（6）釜石の仙寿院——「やどかりプラン」論戦

　私が過去帳閲覧依頼状を出した6寺院の中で、いち早くメールで返報してくださったご住職がいた。釜石市の仙寿院（図38）の柴崎恵應僧侶であった。図39は仙寿院から見た釜石観音。

　それが、残念なことに、次のような断りのメールであった。

「溝口様‥お手紙拝見いたしました。多くの方のさまざまな亡くなり方をお調べのようですが、寺院の過去帖には死因は記載されておりません。大規模災害や戦争犠牲者であれば、寺院の

図 38　仙寿院

図 39　仙寿院からみた釜石観音

過去帖からではなく行政の資料の方が適していると思います。また過去帖であれば地域の全員を記している訳ではありませんので（檀家の分だけですので…）研究資料としては不適と存じます。

　上記の理由からご期待には添えないと存じます。また市内日顕寺も当山が管理しており、同寺は昭和61年の開創であり、先生のご研究には当てはまらないと存じますので、こちらもご容赦いただきますようお願い申し上げます。柴崎」（10.18）

　ダメだったか、と落胆したが、丁寧な理由付き断り文であったので、わざわざ書いてくださったことに感謝せねば、と思い、次のように返信した。

「柴崎様：ご丁寧なご返報ありがとうございました。過去帳に死因が記載されていないこと、檀家に限ることは存じ上げています。それでも年月日別の死者数を確認するだけでも貴重な資料となります。東北地方では以前秋田県北部で数ヶ寺の過去帳を見せていただき、天明、天保の大飢饉の犠牲者が飛び抜けて多いことがわかりました。また伝染病が都市部から山間部へ伝播していったことが推測できました。コレラが流行った年、スペイン風邪が流行った年にも子どもの犠牲者が多数でていました。こうした事実を日本各地で押さえて行きたいと考えています。特に3・11以降は東北の海岸部、および今後大地震が発生する危険性が高い東海・東南海・南海の海岸地帯のお寺さんを訪問させていただき始めました。

仙寿院さんの過去帳を閲覧させていただければ嬉しく、それに加えて過去に何度か押し寄せた津波およびローカルな災害について柴崎様からお話しをうかがえれば幸いです。決してご無理は言いませんが、もし訪問させていただけるなら、11月10日～14日でご都合のよろしい日時をお知らせ願えないでしょうか。よろしくお願いします。溝口」（10.19）

翌日メールが来た。

「溝口様：お話は分かりました。当山は寺暦こそ500年を超えますが、100年程前に千葉県から現在地に移転した寺です。過去帖はその100年分しかありません。それで良ければお会いします。11月の12～14日は午後が空いています。10日11日は土日なので行事と法事で予定は一杯です。この日程で良ければお出で下さい。日程は早めにお知らせいただければ幸いです。柴崎」（10.20）

ヤッター、これで三陸に行ける！

「柴崎様：ありがとうございました。お言葉に甘え、11月12日（月）の午後1時にお伺いさせていただきます。よろしくお願いいたします。溝口」（10.21）

「溝口様：12日にお待ちしています。柴崎」（10.22）

12日午後1時ちょうどにお訪ねした。玄関を入ってすぐ左手の応接室に入れていただいた。原口ほか編『津波詳細地図』では津波浸水範囲の境界線上にあり、かろうじて助かったお寺だ。

「当日娘と一緒に車で出かけており、某橋の上で2時46分の大地震に遭遇し、車が上下に揺れるほどの衝撃だったので、これは大変だと思い、寺に引き返した。その20分後に津波がきて助かったのだが、住民は油断していたのだろうか、津波第1波が来るまでに、寺に避難しに来た人は20人にすぎなかった。しばらくして最もすごかった第2波が来たが、その時に命からがら400～500人が避難しに来た。5時10分、本堂内に576人、外にあふれた人が170人前後だった。檀家600軒の49％が流され、63名が死亡した。

釜石には、一昨年の11月にギネスブックに載った海底から67ｍの防波堤がある。それを乗り越えて押し寄せてきたから、建設費用1200億がパーになったことになる。でもそのおかげで津波の上陸が6分30秒遅れた。私と娘もそのおかげで助かったのでありがたかったと思っている」

この話を聞かせたら土木工学の先生方は、やはり防波堤はつくらねばならない、と意を強くされることであろう。でも、より高い防波堤をつくろうということにならないように願っている。防波堤に関しては現行のそれを補強する程度でいいのではないかと思う。

こうした当日の津波襲撃状況を話されている中で、私の「やどかりプラン」に反対ですと言われ、反論をA4用紙1枚半にしたためて手渡してくださった。ちょうどその時お嬢さんがお茶を持ってきてくださった。

釜石の仙寿院住職との対談で、驚き恐縮したのが、住職が私のやどかりプランに堂々と反論して、「やどかり号について（一考察）」と題する文書を用意してくださっていたことである。いままで、これだけ長文で反応していただいたことがなかったので、以下、全文を載せておこう。


地震から津波襲来まで約30分程ありましたが、人々は「まさか」とか「此処までは来ない」との思いから、津波の認知・認識まで20分程度を要したと思います。それからの避難ですから遅くなるのは当然と思います。それを覆したのが「釜石の奇跡」と称された子供たちの行動でした。言い伝えと言えばそれっきりですが、日常子供たちに教訓として教え、その子達が素直に行動したのが好結果を生んだ要因だと思います。

津波から逃げる方法は実際これしかありません。他に人工的な避難方法や施設を作っても、それを利用する人間次第ですから絶対的な方法は無いと思います。寧ろ簡易な避難方法があればあるほど人は避難しません。

釜石の津波の様子は、来襲が3時過ぎでしたが、引いたのは午前1時過ぎです。当山は先生が大丈夫だったと書かれた釜石駅より、1・2㎞程のところにありますが、自衛隊の救助が到着したのは3日後です。海の側の浜町には4日後でした。もしそこにやどかり号があったとすると、その日数生存できますか？　食料・水・トイレ等どう解決されますでしょうか？　甚だ疑問と言わざるを得ません。

津波が襲うと何もなくなるということはありません。海の側にある木造の住宅ならそうでしょうが、釜石の小さな田舎都市でもコンクリートの建物が多いところは町一面ガレキだらけです。やどかり号から脱出する方法が確立していなければ棺桶と同じことになります。「従来の津波対策でも2万人の犠牲…」とありますが、避難対策が進んだとしても人の認識度合いによって、生存か犠牲かに分かれるのではないでしょうか。ましてや安易な津波対策は極力避けるべきと愚考いたします。

それと釜石でも防災無線で「3m以上の津波」と放送されましたが、その数値で高をくくった人が多いのも事実です。確かに後で分かったことは沖合い5㎞では3mだったそうです。津波の計測機器はそれで壊れてしまい、その後はわかりません。沖合い3mでも到達した津波は10・6mでした。三陸特有の地形から高くはなりましたが、数値はあてにならないと学んだのが今回の教訓と言えると思います。

認識に時間がかかるのですから、爆音より「直ぐに避難せよ！」と言う放送が分かりやすいのではと思われます。

釜石では世界最大の湾口防波堤がありました。それで津波の到達時間が6分30秒遅くなったと言われています。おそらくそれで助かった人は中心市街地だけでも3000人以上と推測されています。

私の避難所に来た避難者の様子を思い起こしますとうなずけるものがありました。津波前には境内に100～200人程度しかおりませんでした。第1波と第2波には400～500人だったと思います。消防団の話ですと2時間程度経ってから1200人を超えたと言うことだそうです。夕方5時過ぎに人数を数えましたが、建物に収容したのが576人で境内にいたのが170人程度でした。（消防団が全員の収容が無理と判断し、無事な家に帰した者、他の避難所に連れて行った者がいましたので）。これだけ考えても、やはり防潮堤や防波堤は必要です。

・高所より低所へ……について

意味は分かりますがどうなのでしょう？

人間の意識として津波が来襲しているときに「低所」に行く自信は私にはありません。地下道なら尚更です。

津波が地上で到達し始めた時の以前に下水の蓋が飛び上がっていました。それもかなり高くでした。地下道に津波が入ると狭ければ狭いほど速さが増すのは当然と思います。地下道に入る勇気は私にはありません。寧ろ高所を目指すでしょうね。

私達市民としては、道路に高架歩道を設置してほしいと要望しました。それも一旦高架歩道に上がればそのまま避難所に行けるよう設置方法を検討してほしいとしています。同じ高所でも避難ビルは如何なものかと思います。屋上に上がればヘリで救助されるビルならともかく、ただ津波を避けるだけでは生存が難しくなります。

いずれにしても避難することが第一ですが、救助まで生存することも考慮した避難方法が必要というのが私達の意見です。


以上。以下は私の反論。


3・11のその時に間一髪危機を逃れられ、事後の救助、法要、復興に尽力されてきた方の意見だけに、その発言は重い。だが、私のやどかりプランの真意が伝わっていないようなので、再度きちんと説明せねばならないと思う。

従来の「高いところへ逃げろ」という鉄則を私は否定しているのではない。それを第1と考えている。ただ、それだけでは多数の犠牲者が出るので、他の方法も考えましょう、ということで、180度発想を変えた、「半地下シェルター（やどかり）」案とか「高所より低所へ」というキャッチフレーズを出したわけで、やどかりしかない、とか低いところが安全だからそこへ行けばいい、ということではない。あくまで「バイパス」を用意しなさい、ということである。

今回、三陸訪問直前に6カ寺に拙稿「東北津波被災地日記と津波対策」（『名古屋大学環境学研究科教員の見た東日本大震災』2012.3.26, pp.127-170）をお送りしておいたので、それを皆さん読んでいてくださり、初対面にも関わらず議論が深まったと思っている。その146、147ページに書いておいた次の「**多重防衛都市構想**」についての文章をもっと具体的に強調せねばとならないと思った。

私の考える多重防御都市構想は高層ビルとか堤防をすべて否定するものではない。今回被害に遭った平地部の住民をすべて高台に移住させるのは不可能なので、高台移転は公的施設（病院、学校、役場など）を中心として、住民は希望者のみに留めるべきであると思う。三陸の諸都市・諸集落には山麓適地は少ない。そこをむやみに開発造成することは避けねばならない。巨額の資金がかかる上に土砂災害などの新たな災害に見舞われる可能性が高くなるからである。漁業関係者はやはり海岸部に住みたいであろう。平地に4階以上の高層ビルを建てるのも必要であるが、これも避難所を兼ねた形でむやみに建造するのは控え、バランスよく配置すべきであろう。

「瓦礫の撤去に4日もかかった。その間どうしますか」という問いかけにも、逆に「長くて4日我慢すればいいのか」と安心した。瓦礫の中に閉じ込められたって、携帯とか何かで居場所を発信すればもっと早く助けにきてくれるだろうし、例のチリの地下数百メートルの炭鉱で1カ月も2カ月も閉じ込められていたことに比べれば、なんとかなるだろう。快適なやどかり空間をいかに作り出すか、というアイデアはいくらでも出てくるであろう。防波堤は今のままを補強するくらいでいい。かさ上げしたり、むやみに新造する必要はなかろう。高架歩道橋の建設を提案されているが、釜石という町の地形などを考慮して適所につくるべきであろう。海側の浜町につくったって今回の津波では木端微塵に破壊されたであろう。よしんば残ったとしてもその高さ以上に津波が来たであろうから、登った人は全滅ということになる。第1、そんな高架な階段にお年寄りが登れますか？

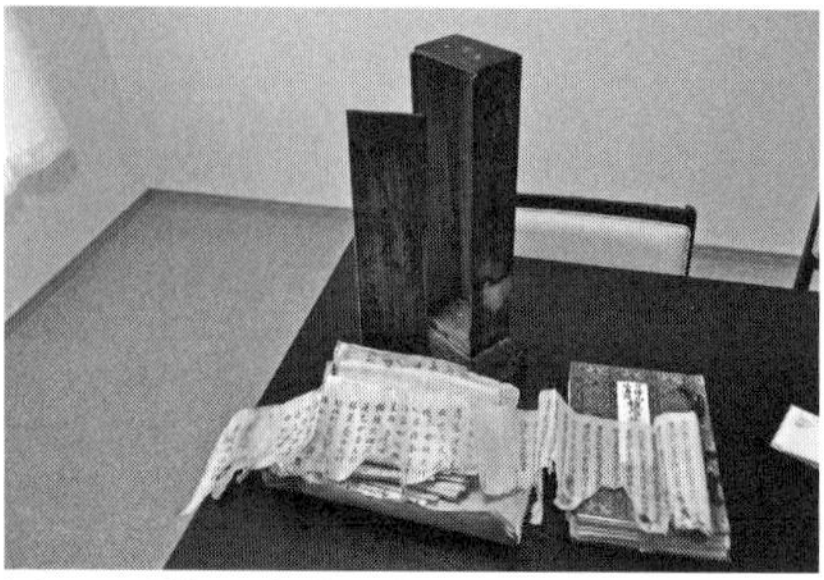

図40　明治39年大津波仙の木製供養塔

というような、反論を、メールでご住職に伝えようと思う。

さて、本題の過去帳についてはこころよく見せてくださり、私が閲覧中に「明治39年の津波犠牲者の木製供養塔あります」といって持ってきてくださった（図40）。地震・津波など自然災害、飢饉、伝染病などと死者数との関係を説明しつつ、「やはり最大の悲劇は20代、30代の若い男性が外地で戦死したことです」と嘆くと、住職は、「公式記録にはないと思うが、昭和20年7月14日に艦砲射撃があって釜石は火の海になったんです」と言われた。津波の悲劇から戦争の悲劇で話が終わり、3時20分に仙寿院を発つ。

気仙沼の「お魚いちば」では昨年に続いて今回も美味しく秋刀魚をいただいたので、少々宣伝をしておこう。『三陸とれどき』とい

名古屋で見つける化石・石材ガイド
西本昌司

地下街のアンモナイト、赤いガーネットが埋まる床……世界や日本各地からやってきた石材には、地球や街の歴史が秘められている。

1600円＋税

東海・北陸のジオサイトを味わう
森勇一／田口一男

海底10ｍになぜ遺跡があるのか？　日本で最初に見つかった古代塩田、特別天然記念物になった埋没林の神秘、お城の石垣を地学の眼で解き明かしたり……

1800円＋税

東海の名水・わき水ゆるやか紀行
なごやメディア研究会 編著

清澄な水の湧き出るスポット、愛知・岐阜・三重の名水を40選！　身近な自然の豊かな恵みに触れ、ゆっくり味わいましょう。

1200円＋税

東海地方の湧水湿地を楽しむ
湧水湿地研究会／富田啓介 編著

ここにしか咲かない花に会いにゆく！ 41カ所の湿地と、東海地方固有種を含む動植物70種以上を紹介するはじめての湧水湿地ガイドブック。

1500円＋税

東海　自転車さんぽ
木村雄二

近代建築や古墳めぐり、水源を目指して川沿いを走るコースや、サイクルトレインを使ったロングコースなど、多彩な自転車散歩を楽しめる近場を紹介。

1500円＋税

岐阜の山旅　飛騨
吉川幸一 編著

人気の山から、知られざる名峰まで。豊かな自然と悠久と歴史にめぐまれた〈山の国〉飛騨の登山ガイド。ファミリー登山から中高年愛好者まで。

1500円＋税

名古屋の富士山すべり台
牛田吉幸 著、大竹敏之 編

ナゴヤ独自の公園遊具〝公園の富士山〟の全貌を解明！ 50年以上前につくられた第1号から令和最新モデルまで、その魅力を余すところなく紹介。

1200円＋税

愛媛県歴史文化博物館 編

予の海上交通、四国遍路をめぐる物語…。 1600円＋税

古地図で楽しむ駿河・遠江
加藤理文 編著

古代寺院、戦国武将の足跡、近世の城とまち、災害の爪痕、戦争遺跡、懐かしの軽便鉄道……。 1600円＋税

古地図で楽しむ三重
目崎茂和 編著

江戸の曼荼羅図から幕末の英国海軍測量図、「大正の広重」吉田初三郎の鳥瞰図…多彩な三重の姿。 1600円＋税

岐阜地図さんぽ
今井春昭 編著

観光名所の今昔、消えた建物、盛り場の変遷、飛山濃水の文学と歴史……地図に隠れた岐阜。 1600円＋税

古地図で楽しむ岐阜 美濃・飛騨
美濃飛騨古地図同攷会／伊藤安男 監修

多彩な鳥瞰図、地形図、絵図などをもとに、地形や地名、人々の営みの変遷をたどる。 1600円＋税

明治・大正・昭和 名古屋地図さんぽ
溝口常俊 監修

廃線跡から地形の変遷、戦争の爪痕、自然災害など、地図に刻まれた名古屋の歴史秘話を紹介。 1700円＋税

古地図で楽しむなごや今昔
溝口常俊 編著

絵図や地形図を頼りに街へ。人の営み、風景の痕跡をたどると、積み重なる時の厚みが見えてくる。 1700円＋税

古地図で楽しむ尾張
溝口常俊 編著

地図をベースに「みる・よむ・あるく」——尾張謎解き散歩の勧め。ディープな歴史探索のお供に。 1600円＋税

古地図で楽しむ三河
松岡敬二 編著

地域ごとの大地の記録や、古文書、古地図、古絵図に描かれている情報を読み取る。 1600円＋税

古地図で楽しむ近江
中井均 編著

日本最大の淡水湖、琵琶湖を有し、様々な街道を通して東西文化の交錯点になってきた近江。 1600円＋税

地図で楽しむ京都の近代
上杉和央／加藤政洋 編著

地形図から透かし見る前近代の痕跡、あったかもしれない景観、80年前の盛り場マップ探検。 1600円＋税

古地図で楽しむ金沢
本康宏史 編著

加賀百万石だけではない、ユニークな歴史都市・金沢の知られざる姿を読み解く。 1600円＋税

◎好評発売中

迷い鳥［新装版］ ロビンドロナト・タゴール

川名澄 訳　◉タゴール詩集

アジアで初めてのノーベル文学賞に輝いた詩聖タゴール。1916年の日本滞在にゆかりのある珠玉の英文詩集、初版英文テキストを併記した完訳版。

1800円＋税

ギタンジャリ［新装版］ ロビンドロナト・タゴール

川名澄 訳　◉タゴール詩集 歌のささげもの

アジア初のノーベル文学賞を受賞したインドの詩人タゴールの自選詩集を、はじめてタゴールを読むひとにも自然に届く現代の日本語で翻訳。英文も収録。

1700円＋税

わたしは誰でもない エミリ・ディキンスン

川名澄 訳　◉エミリ・ディキンスンの小さな詩集

時代をこえて、なお清冽なメッセージを発しつづけるエミリ・ディキンソンの詩。そぎ落とされた言葉に、永遠への願いがこもる。新編集の訳詩集。

1500円＋税

中部美術縁起

馬場駿吉 編

現代アートの最前線に立つアーティスト、評論家、建築家、画廊主らを執筆陣に揃え、約2年間「中日新聞」で連載された「中部美術縁起」を単行本化。

1800円＋税

古文書・古絵図で読む木曽三川流域

石川寛 編著　◉旗本高木家文書から

2019年に国の重要文化財に指定された高木家旧蔵文書群から、治水関係の古文書・絵図類を中心に、最新の知見を盛り込んで紹介する。

1800円＋税

これであなたも歴史探偵！

千枝大志／川口淳 編著　◉歴史資料調査入門

新たな視点で地域資料に向き合うためのヒント満載。郷土史に関心のある方はもちろん、博物館学やアーカイブズ学専攻の学生、教員、自治体職員にも。

1700円＋税

格差社会の宗教文化　熊田一雄

◉「民衆」宗教の可能性を再考する

弱肉強食の論理を助長する新自由主義に対して、いかなるオルタナティブが可能なのか。「民衆」宗教と社会の関係をときほぐす。

1600円＋税

青空のむこうがわ　伊藤三男

◉四日市公害訴訟判決50年―反公害を語り継ぐ―

四日市公害は過去のものではない。訴訟50年を機に、〈公害〉の全体像と、それと闘い、抗い続けた人たちに焦点を当て、新たな道筋をたどる手がかりをさぐる。

1800円＋税

なぜ首都圏でガンが60万人増えているのか

◉ビッグデーターから見る被曝とガン　東京・神奈川篇門

東日本12都県で急増するガン、東京都と神奈川県の合計は60万人を超え、増え続けている。「院内がん登録」データを読み解いた衝撃のレポート。

1000円＋税

コロナ禍の外国人実習生　榑松佐一

◉外国人実習生SNS相談室より

彼らの生の声に触れ、彼らの置かれた環境を理解することなしに共生は進まない。本書はそれを知るために格好の一冊だ。（風間直樹、ジャーナリスト）

1600円＋税

ウィシュマさんを知っていますか？　眞野明美

◉名古屋入管収容場から届いた手紙

入管で亡くなったスリランカ人女性ウィシュマ・サンダマリさんが残した手紙。彼女の思い描いていた未来はなぜ、奪われたのか。安田菜津紀さん推薦！

1200円＋税

冤罪をほどく　中日新聞編集局　秦融

◉〝供述弱者〟とは誰か

冤罪の罠にとらわれる供述弱者の存在を明るみに出した画期的調査報道。**第44回「講談社 本田靖春ノンフィクション賞」受賞作！**

1800円＋税

障害者たちの太平洋戦争　林雅行

◉狩りたてる・切りすてる・つくりだす

視覚・聴覚障害、肢体不自由、知的障害の人々はいかに戦時体制に組み込まれ、積極的または消極的に動員されていったか。

1800円＋税

なごや昭和写真帖　キネマと白球

長坂英生　編著

懐かしの映画館と街の風景、映画ロケ現場や宣伝マンたちの情熱。数々のドラマを生んだ名古屋の野球場、野球映画の隆盛、野球少女たちの夢……。

1600円＋税

昭和遠近　島田修三

◉短歌でたどる戦後の昭和

戦争の記憶、平和への思い…貧しさの苦しさ、繁栄への願い…移りゆく昭和という時代の世相をさまざまな短歌でたどる〝昭和万葉集〟

1500円＋税

焼き物世界の地理学

林上

古代から現代まで、人々のくらしの中で絶えることなくつくられてきた焼き物。豊かで奥深く、幅広い〈焼き物世界〉に地理学の視点からアプローチする。

2200円＋税

峰吟子　太和田正五

◉その生涯と時代

幻の女優、はじめての評伝！昭和モダン期のニッポン。「エロティシズムの女王」として人気を博した映画女優がいた。その名は峰吟子。

2500円＋税

古地図で楽しむ瀬戸内・香川

森正人

近代航路で変容した旅、「名物」として発見されたうどん……地図・絵図を読み解き、これまで自明とされてきた伝統・文化・風景を問い直す。

1800円＋税

続・白夜　間質性肺炎との共生

大和田道雄　◉最新医療でつかんだ奇跡の生

近年患者数が増大する、根治が困難な「間質性肺炎」とたたかい、余命6ヶ月の宣告から生還。難病と向き合い〈生〉をきざむ闘病記の続編。

1200円＋税

漁港に育った少年の文学との出会い。思想・運動との交わ

文学の旅

◉交友私誌

未来へと連なる記憶の物語。　１８００円＋税

ヒント集。　１２００円＋税

岐阜の昭和30年代を歩く

井口 貢／安元彦心 編著

変わったもの……変わらなかったもの……岐阜の来し方行く末を見つめ直し、世代を超えた「懐かしい未来」を見つけてみませんか。　１６００円＋税

愛知の昭和30年代を歩く

溝口常俊 編著

新幹線、１００ｍ道路、オートバイ、テレビ塔、市電、百貨店、キャバレー、パチンコ、銭湯、喫茶店、鬼ごっこ、メンコ、駄菓子、集団就職、伊勢湾台風……。　１６００円＋税

名古屋の明治を歩く

溝口常俊 編著

江戸の面影が徐々に消え去り、近代産業都市へとめまぐるしく変化した明治の名古屋。転換期の風景や世相・風俗を読み解き、近代名古屋のルーツを探る。　１６００円＋税

名古屋の江戸を歩く

溝口常俊 編著

いにしえの名古屋の風景を求めて、さまざまな絵図・古地図・古文書から、地名の変遷、寺社の姿、町割りの意味、災害の教訓などを読み解く。　１６００円＋税

尾張名所図会 謎解き散歩

前田栄作

今からおよそ一八〇年前の風景を描いた『尾張名所図会』をお供に、尾張の町にあふれる「なぜだろう」「なんだろう」を解き歩く。　１７００円＋税

改訂版 なごやの古道・街道を歩く

池田誠一

ロングセラーがカラー改訂版で再登場！ 名古屋地域を通る古道・街道の見どころ、名所・旧跡を紹介。まちの記憶を訪ね歩く歴史ウオーキングにおすすめ。　１８００円＋税

街道今昔 三河の街道をゆく

堀江登志実 編著

旅人の気分になって、往時をしのばせる寺社仏閣や路傍の地蔵・道標などを訪ねてみませんか。地元学芸員が紹介する街道歩きの楽しみ。　１６００円＋税

街道今昔 美濃路をゆく

日下英之 監修

かつてもいまも伊吹山と共にある15里7宿の美濃路。大名や朝鮮通信使、象も通った街道の知られざる逸話や川と渡船の歴史をひもとく。　１６００円＋税

街道今昔 佐屋路をゆく

石田泰弘 編著

東海道佐屋廻りとして、江戸時代、多くの旅人でにぎわった佐屋路と津島街道を訪ねる。街道から少し離れた名所・旧跡も取り上げたウオーキングガイド。　１６００円＋税

古地図で楽しむ首里・那覇

安里進／外間政明 編著

当時の町の絵師たちが描いたパノラマ図などを比較分析し、近世琉球社会の姿を読み解く。　１７００円＋税

地図で楽しむ横浜の近代

岡田 直／吉崎雅規／武田周一郎

横浜時間旅行へ、いざ！ 外国人居留地、関東大震災の爪痕、モダン都市横浜、占領と復興……。　１６００円＋税

古地図で楽しむ富士山

大高康正 編著

前近代の富士山信仰の世界、さまざまな登山道とその起点となった集落の変遷……。　１７００円＋税

古地図で楽しむ神戸

大国正美 編著

文字情報だけではわからない街道や自然景観の変遷、港町の情景、近代文学者たちのまなざし……。　１６００円＋税

古地図で楽しむ信州

笹本正治 編著

流れる川とそびえる山、四つの平らと城下町……。村絵図や街道地図を読み解く。　１６００円＋税

古地図で楽しむ長崎

大平晃久 編著

江戸から続く諸外国との交流が育んだ異国情緒の様相、文学や災害、原爆投下……土地の記憶。　１６００円＋税

図41　季刊誌「三陸とれどき」

う季刊誌（図41）がこの秋に発行された。「『三陸とれどき』は気仙沼、南三陸、大船渡、石巻の旬をお届けする阿部長商店の季刊誌です」と記されていた。最初の見開き2ページが気仙沼港の写真と発起人で阿部長商店の代表取締役阿部泰浩氏の巻頭の辞「三陸沖に今日も船が出る」、3、4ページが「三陸の漁師：海で泳ぐさんまをそのまま陸へあげる気仙沼漁師」、5、6ページが「三陸の買受人：さんまと向き合うときはつねに真剣勝負」、7、8ページが「三陸の料理人：まず刺身、塩焼き、つみれ汁。来てこそ味わえる旬があります」、9ページ「3・11からの新たな取り組み：気仙沼ブランドを守るために。気仙沼といえばふかひれ、地域ブランドを絶やすわけにはいかない」、10ページ「地域ブランドを食卓へ：ホテルの人気メニューから生まれた『気仙沼チャウダー』」、そして最後の4ページで「できたての三陸お魚料理を全国のご家庭へ」とうまく構成されている。

　気仙沼ふかひれ濃縮スープ（広東風2袋＋四川風1袋）／1500円を注文しようか、いや奮発して、それに気仙沼チャウダーを加えたセット3000円にしよう。

（7）大船渡の本増寺——海外からの救援者に宿舎を提供

11月12日に訪問の3寺目は大船渡の本増寺。お電話を差し上げた時、福富旅館ならよく知っているから、旅館まで行きましょうか、と言っていただいたが、そんな礼を失するようなことはできないのと、やはりお寺の雰囲気を味わいたかったのでこちらから出向くことにした。4時40分に本増寺着。日は落ちかけていたが、本堂に入る前に境内を案内してくださった。眼下に町並み（消えてしまったが）と大船渡湾を見渡す高台にあり（図42）、そこには鐘楼があり（図43）、チリ

図 42　本増寺より大船渡湾を望む

図 43　本増寺鐘楼

図 44　チリ津波供養碑

「チリ地震津波犠牲者之霊五十回忌供養」碑には、次の供養の言葉が刻まれ、石碑の裏に津波来襲時刻が記されていた。

一九六〇年五月二十四日早朝
五時南米チリに地震津波
おこり太平洋を越えわが
港に襲来するなり
あゝ悲しき六十余名大波に
のまる　にぎわいし港町も
消えて大海原となれり　又
生残りしは貧と病に苦しむ
五十年歳月を経るとも亡き人は
帰ることなく落涙をもようすなり
孝養積善の道を思い五十回忌
供養碑を建立するなり
当山小住　日應
二〇〇九年五月二十四日

津波来襲時刻は、1960年（昭和35）5月24日、第1波 午前3時10分、第2波 午前4時40分、第3波―第8波、とあり、犠牲者61名であった。

ご住職は、かつて全日本仏教青年会の中心になって活躍された方で、中国、スリランカ、ネパールへと講演に出かけられている。最近では浜松市仏教会に招待されて「備えあれば憂いなし」と題して講演されたそうだ。その延長だったかもしれない。ご住職は私に語り続けられた。震災で家族らを失い、無気力で敵対的であった被災者が、数多くのボランティアと触れ合うことで、徐々に立ち直ったこと、寺院の役割として、被災者の精神的なケアを心がけていること等々。中でも感心したのは、台湾のレスキュー隊をいち早く受け入れられ、その宿舎として寺院を提供されたことだ。レスキュー隊に感謝状を贈るのは当然のことなのだが、それより早くレスキュー隊総隊長から住職に感謝状が贈られた。それほど彼らにとって住職の受け入れはありがたかったのであろう。これが縁で、2012年10月18日～21日にレスキュー隊に助けられた住民何人かと住職様御一行は台湾親善訪問をされた。現地、高雄の金仏殿では、約400本（大船渡の犠牲者分）を献灯して供養してくださったそうだ。

宮古・田老町の常運寺、釜石の仙寿院もそうだったが、大災害直後の復旧の核は寺院であったことがよくわかった。瞬時に動けない行政の補完として、住民と直結している寺院の役割は大きかった。

住職は教育活動も積極的におこなっている。「平成24年　大人の寺小屋―『続日本記《しょくにほんぎ》』と『日本《にほん》後記《こうき》』を読んでみませんか?」の講義を毎月第1金曜日の午後6時半から2時間、大船渡市民会館(リアスホール)1階会議室で、無料で開講されている。案内文には次のように書かれている。『続日本記』と『日本後記』は、日本の正史「六国史《りっこくし》」の一つです。読書は温故知新、過去から現在・未来を知り、生き方の羅針盤となり、心を豊かにします。東日本大震災を千年に一度というのは、この時代に発生した貞観《じょうがん》地震(869年)以来のこと。歴史を読み、談話することから、町づくりのヒントが得られるのではないでしょうか。

本増寺の一室では長机が20ほど並べられて「子供の寺子屋」(高校生までの塾)が開かれていた。筑波大の大学院を修了された息子さんが講師になっておられ、私に向かって「時々父親が入ってきて、子供たちに長々と講話をするので、困るんですよね」とささやかれた。

さて、鐘楼があったら質問する。「この鐘はどこで造られたのですか?」。予想通りの答えが返ってきた。「高岡です」。「高岡の老子《おいご》製作所です」と言って、製作所まで行かれた時の写真を見せていただいた。1987年11月15日に大梵鐘開眼鐘楼堂落慶の式典がおこなわれた。東北の大船渡から、わざわざ北陸の高岡まで、よくもまあそんな遠距離を、と思った。おそらく全国のほとんどのお寺の鐘は高岡で製造されていると思う。大晦日、全国各地で除夜の鐘がなる。そのすべてが高岡発ということになる。

大船渡と宮古の間を行ったり来たりしていたので、その途中の町「山田」もなんとなく気になっていた。数年前に地理研に演歌を歌う山田君という学生さんがいたからかもしれない。道の駅やまだに寄ってみた。雨除けテントに「底力」文字があった（図45）。そこで入手した岩手県山田町の「今」を伝える情報誌「やまだ物語」２０１２年vol.2がなかなかおもしろかったので紹介しよう。

巻頭インタビューのコーナーに「やまだまち漫遊」があり、そこに名古屋出身の作家山田マチさんが登場していた。その箇所を抜き書きしておこう。

図45　道の駅やまだの「底力」テント

初めて山田町を訪れたのは、その年の9月のこと。震災後半年しか経っておらず、かえって迷惑ではないかと躊躇したそうですが、町の人に「山田マチだから山田町に来ました」というと、みんな大笑い。「辛い思いをしているはずなのに、とても温かくて冗談好きな方が多かった。町の規模や、山と商店街があって、人々がまじめで面白いところなど、私が思い描いた『山田町』と重なり、空想がリアルになったような不思議な気持ちでした」。ただ唯一、違っていたのは、山田湾の美しさ。「ファンタジーの域をはるかに超えていましたね。美しい自然と温かい人に出会って、山田町にずっといたいと思いました」

そんなマチさんに、山田町をはじめ被災地をどのように応援したらいいか尋ねると、「**その地に行くのが一番**」ときっぱり。「まずは行って人と会い、友達になったら自然と応援したくなりますから。そして人と出会うには、やはり夜に飲み歩くのが近道です」。

最後の一文は私にはできないが、彼女の小説を読んでみることにしようか。山田マチ『山田商店街』幻冬舎、1365円。「人にクスっと笑ってもらいたくて、辛いときでも、肩の力が抜けるような、ひざが崩れるような、**小さな笑いを提供したいんです**」だそうだ。

(8) 宮古の本照寺と長根寺――仏説三種六動

11月13日は三陸最後の日。2寺訪問の予定を組んだものの、レンタカーを仙台のホンダ店に午後8時までに返さねばならなく、きついスケジュールとなった。宿泊地の大船渡から宮古まで2時間かかる。まずは午前10時に本照寺を訪ねた(図46)。

図46　日蓮宗本照寺

応接室に上げていただき、震災関係の資料を集めて提供してくださった。ここのご住職も語り出したら止まらない。

1896年(明治29)に建立。建立の言われが興味深い。千葉県長生郡で津波にあったから、引っ越してきたという。わざわざ津波の常襲地に越してこなくてもよかったのにと思った。だが、さすがに立地場所は考えられたのであろう。低地平野部ではなく、山地部に上がって津波は決してここまではこないであろうというところに立地していた。

東北に日蓮宗はそれほど多くはない。というのは南部藩が士農工商の差別化をしない日蓮宗をきらったからという。江戸時代、盛岡に1カ寺あっただけで、現在ある寺は明治以降に建造されたものが多いらしい。

ご住職（1944年生）のありがたいお話を載せておこう。仏説三種六動：三種とは、①六方道、②六時道、③六相道、で、六方道は、①東が湧きかえれば、②西は没する。③南が湧きかえれば、④北は没する。⑤中央が湧きかえれば、⑥四方は没する。六時道は、①お釈迦さまが母のお腹に宿ったとき震災がおこる。②生まれた時に、③出家した時に、④浄土（さとり）を開いた時に、⑤教えが車輪のごとく人に伝わった時、⑥入滅の時、に震災がおこる。そして六相動は、①動、②起、③湧、④震、⑤吼、⑥覚。まさに「震」の教えだ、と悟った。

図47　真言宗長根寺

12時ちょうど、悟りを開いたところでお暇し、同じ宮古市内の長根寺に向かった。ここは津波は絶対に来ない山腹の寺。12時40分に着いた。一休さんのような小僧さん（図47）が迎えてくれた。岩手県三十三観音・八番札所でもある。若いご住職であった。といっても52歳。「今回の三陸の旅で最初にお邪魔したのが陸前高田の長円寺で」と話したら、「彼は私の後輩で良く知っている」と言われて、話しやすくなった。「昨日は田老の常運寺へ行ってきました」と話したら、「あのご住職が、よく中に入れてくれましたね」と言われた。そういえば報道陣をシャッタウトするし、位牌に向かって「バカ野郎」呼ばわりした痛快和尚さんだったなと、思い起こした。奥様と1言2言話したら、姪ごさん（妹の娘）が富山大学の2年生だと知った。「ええ、そうですか。なんでも相談に乗りますよ」と言ってしまった。そんなこんなで、長根寺とは仲良くなってしまった。

以上で三陸寺院巡りを終えた。

14時15分：長根寺発。宮古から閉伊川沿いに北上山中に入り、途中で道の駅やまびこ館で休憩し、16時25分に盛岡南インターから東北自動車道に入る。順調に南下したが、一関仙台間で「渋滞5㎞」の表示がでて、そこを抜けるだけで1時間半もかかってしまった。20時30分、松田レンタカー店に30分遅れで無事返却。

震災後1年8カ月後の三陸巡検は、寺院詣での旅であった。町おこしのために政府、自治体は力を入れて勧められているが、行政手続きに時間がかかり、個々の家にまでなかなか目を向けることもできず、素早い人命救助ができなかった。そんな中で、各地寺院は、津波襲撃時に避難場所を提供し、亡くなられた方々の供養はもちろんのこと、住民の心の支えにもなり、地域復興のために尽力されていた。また災害史研究をすすめている私にとっても、過去帳を見せてくださったり、災害対策案を共に議論してくださったりして、力を貸していただいた。お寺さんに感謝する旅であった。

第4章　積み重なった津波の記憶をひもとく

――八戸から仙台まで　2015年3月

(1) 八戸・階上――鬼は内とそばは五色

今回の三陸巡検の目的は、東日本大震災（2011年3月11日）以後の復興の状況を見聞することで、具体的には、①これまでに3回訪れた仙台～宮古までの被災地の復興度合い、②初めての訪問となる八戸～宮古までの景観、そして特に注目したのが、③比較的広い平野部、町場ではなく復興事業から見放されているであろうリアス式海岸の小集落に入ってみることであった。丸4日間のドライブで、時間はありそうだが、長距離の三陸リアス式海岸である。ホテルも八戸（21日）と仙台（25日）は予約しておいたが、中3日はたどり着いたところで飛び込むといった、多少不安をかかえた巡検である。

高速道路には乗らず、なるべく海岸に近い道路を走ってみようというドライブであった。道の駅にはすべて立ち寄り、観光パンフを集められるだけ集めた。観光パンフを見ると、観光スポットに足が向いてしまうが、その誘惑を振り切りつつも、美しき三陸の景観に見入ることがしばしばであった。

　以下、道中のドライブ記録と観光案内と、それに津波被害聞き取りを、写真を中心に記しておきたい。毎日メモ書きをしているのだが、それをもとに、前日の日記を大船渡の「丸森」ホテルの一室で展望風呂あがりの早朝6時に書き出している。大船渡といえば、常宿としている「福富旅館」なのだが、昨日夕方飛び込んだら満席。ウィークデイなら大丈夫だろうとタカをくっていたのだが、復興関係の技術者、作業員でむしろ平日の方が混むという。近在のホテルリスト10軒をみせてもらい、リスト順に電話した。満席です、満席です、が続き、7軒目でやっと「丸森」でなんとか用意しましょう、ということだった。それだけ外部から人が入り込んできていることの証しで、嬉しい。

図1　八戸駅

　では初日からの行動記録。
　3月21日（土）12時10分の「のぞみ」で名古屋から東京へ、東京からは「やまびこ」で17時30分に八戸着。駅舎が立派に新装されており、まずはびっくり（図1）。駅前通りもわれわれ名大地理研実習旅行でここを訪れた10年前（2004年9月20日）の雑然さは姿を消していた。新幹線1台遅れの渡辺氏と合流し駅前のコンフォートホテルで1泊。

3月22日朝8時にチェックアウトして、近くの八戸トヨタレンタカーで小型車ヴィッツを借りる。丸4日間、仙台で返却予定。乗り捨て分1万8000円含めて4万5360円。八戸からのんびり走って18・4㎞、道の駅「階上《はしかみ》」に着いたのが9時20分。ここでいきなり「飢饉」に出合ってしまった。B6版30ページの小冊子、舘花久二男『ケガヅの話』（年不詳、420円）を購入した。「はじめに」にこうあった。「私の記憶する八戸地方に伝えられる昔話のうち飢饉に関するものを一部紹介します。あまりに悲惨な話で、今まで発表しかねていたものですが、飽食の日本と言われる今、もう一度思い出しても良いのではないかと書いてみました」

図2　道の駅「はしかみ」

「あまりに悲惨な話で」とある本冊子は次の12話からなっている。①ホイド（乞食）の形見　②八年ケガツ　③六部の火　④食うところも無いワラシ　⑤人を食った話　⑥猪ケガツ　⑦ホイドわらし　⑧柳ァ平の八ジンジョ　⑨ケガツと私刑　⑩ボンマワシ　⑪叺かぶり　⑫一家皆殺し。以上、ケガツ（飢饉）で食べ物が亡くなった際、これほど人を殺めてしまうのかという想像以上に悲惨な話の連続であった。

気を取り直し外に出たら、道の駅メインの建物の両脇に弓型に仮設風の小型店舗が並んでいた（図2）。そのひとつにコーヒー屋さんがあった。床の部分をみると車輪が付けてあった。移動式店舗だった（図3）。移動式店舗、行商人など一世代前の店舗形式は、巡回医師もそうだが、今後増やせばいい。農山漁村、いや都会でも1人、2人暮らしの老人世帯が多い。買い物、通院がままならない。だったら商人、医師が出向いてあげればいいではないか。これが私の震災復興論の大きな柱の一つである。

さて、横道に入ったというか、本題に入りかけたが、道中見聞記にもどろう。珍しいコーヒー店とは何かというと、「移動式店舗」というよりも「虫めずる」店舗であった。ドライブ途中、

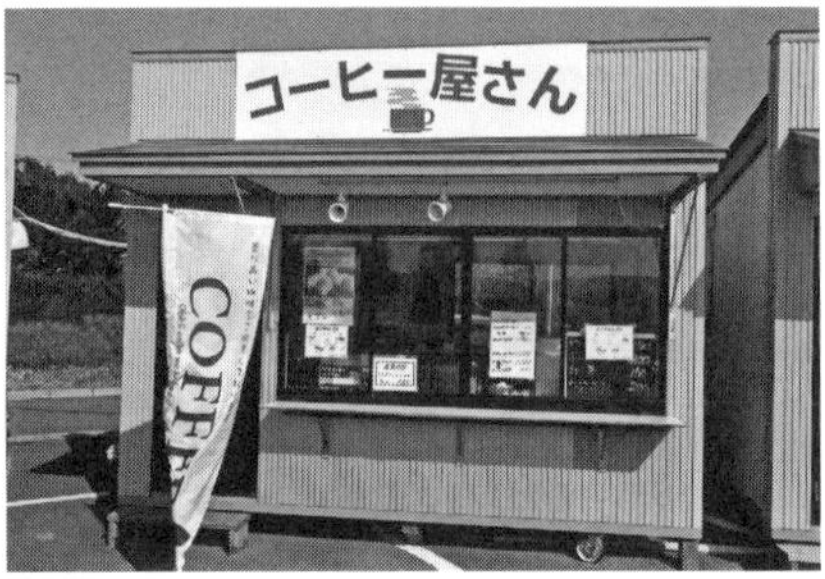

図3　コーヒー屋さん

図4　メニュー

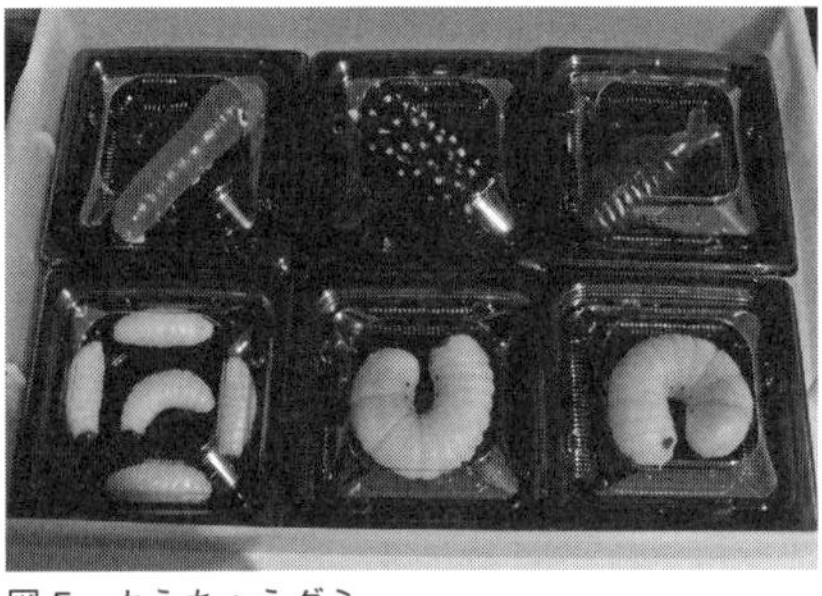
図5　ようちゅうグミ

コーヒーで休憩をとお店に近づいたら、とんでもないメニューが窓に貼ってあった（図4）。野中健一氏（立教大学教授、昆虫食研究者）のような店主にきいてみた。「本物ですか」。「いや、グミです」といって、差し出して見せてくださった（図5）。昆虫食に躊躇している人には、導入食としていいかも、と思ったが、本物以上に大きくて生々しかったので、コーヒーも飲まずに失礼した。出店の動機をお訊ねすればよかった、と少々後悔している。

9時55分にはしかみ道の駅を出て海岸部に向かい、海が目に入ったところに神社があった。「日本の村は?」と問われたとき、「神社と寺があります」と答えることにしているし、今回の旅でも飢饉、津波後の住民のこころのより所になったはずである神社にはなるべく寄ってみよう、という気持ちがあったので、車を止めた。「熊野神社」（図6）とあり由緒書きに下記の「義経伝説」が記されていた。

図6　熊野神社

「伝説」源義経北方コース

悲劇の名将と世にうたわれた源九郎判官義経は、兄の頼朝に追われ、1189年（文治5）4月、平泉の高館において31才の若さで、自害したといわれている。短く華麗だったその生涯を想い、後世の人々は〝義経はその1年前にひそかに平泉を脱し、北を目指して旅に出た〟という伝説を作りあげたのである。世にいう、「判官びいき」であろう。

当地方に伝えられる伝説によれば、平泉を逃れた義経主従は、気仙の港から海路北上種差海岸に上陸して休憩した場所または八戸上陸の地と伝えられている。

10時20分に白浜海水浴場に着く（図7）。「日本の白砂青松100選」「海水浴場百選」にも選

図７　白浜海水浴場

図８　白浜海水浴場監視棟

ばれた美しい静かな海岸であったが、監視棟（図8）の屋根下に青いテープが貼ってあり、ここまで津波（10ｍ）がきたことが示されていた（図9）。

話が前後するが、種差《たねさし》海岸を出て久慈へ向かう途中で遅い昼食をとった。「鬼は内」というお店（図10）の暖簾をくぐって入った右手の棚にきび団子が売られていた。そのパッケージに「北海道銘菓日本一きびだんご」とあり、ここでは桃太郎は北海道から来たのか、

図9　退避所前の津波浸水高提示板

図10　「鬼は内」そば店

と勝手に思い、2つ購入した。製造者は北海道亀田郡七飯町の天狗堂宝船。原材料名は砂糖、水飴、小麦粉、もち粉、あん、オブラート（澱粉）、炭酸（Caとあり、そこには「きび」がなかった。（本場、岡山のきびだんごにもひょっとしたら「きび」が入っていないかもしれない）

さて、店の席に着き、手にしたメニューの最初のページに興味深い店名の由来が記してあったので、それを紹介しておこう。

鬼は内～店名の由来～

むかーし、ある山里に早ようにおっかを亡くし、2年前に1人息子を亡くした、寂しいーじいさまがおったそうな。じいさまのたった一つの楽しみは、亡くなったおっかあと息子の墓参りをすることじゃった。

年も明けたある日、あまりの寂しさに我慢ができんかったじいさまは、深い雪をかきわけ、おっかあと息子の墓参りに出かけたそうな。墓参りから帰る途中『おにはーそと、ふくはーうち』と子供たちの元気な声が聞こえてきたそうな。『ほーそうじゃ、今夜は節分じゃった』家に帰ったじいさまは、息子が作った鬼の面と豆を古いつづらから取り出し、福の神なんかこないと思い大きな声で『おにはーうち、ふくはーそと』と叫んだ。

その時じゃった。『おばんでーす』『だれじゃいまごろ』じいさまは扉を開けビックリ仰天！なんと節分の鬼がきたそうじゃ。『いやーどこさいっても鬼は外、鬼は外、じいさまのとこは鬼は内って呼んでくれたもんじゃから、こんなに嬉しいことはねぇ』と。

鬼たちはお酒やご馳走をどっさり持ってきて飲めや歌えの大騒ぎ。あまりの楽しさにじいさまも寂しさと怖さをすっかり忘れ、鬼達と一緒に踊ったそうな。壱番鳥が鳴くまで楽しんだ鬼達は、『来年も来るからのー』と言って、踊り疲れて眠ってしもうたじいさまの枕元に、お金をいっぱい残して帰ったそうじゃで。翌朝、何年ぶりかで楽しい節分を過ごしたじいさまの心の中は、春のように暖かかったそうな。

この話を震災と結びつけることはできないが、東北には（いや、全国でも）こうした寂しい1人暮らしのご老人が多いと思う。息子が作った鬼の面は可愛かったと思う。「鬼は外」と恐れられている鬼でも来てほしいという気持ちはわかる。われわれもこの鬼たちに見習って、少しでも

図 11　そばは 5 色

図 12　種差海岸

何かしてあげられればと思う。見知らぬお爺さんおばあさんでも、一こと二こと話をするだけでもいいと思う。「そばは五色」という色紙が店に飾ってあった（図11）。そばはネズミ色一色と思っていただけに可能性があるいい言葉だと思う。「人」もそうであろう。

（2）種差海岸――明治三陸地震で流された神社の再建

さて、10時40分、種差海岸着（図12）。2年前に誕生した「三陸復興国立公園」を認知してもらうため海岸沿いに充実した観光センターがつくられていた（図13）。

入ってびっくり。そこは吉田初三郎の世界であった。ビデオコーナーがあり、「八戸鳥瞰図」が掲げられていた（図14）。ズームアップしてみよう。ウミネコむらがる蕪島が描かれていた（図15）。今回この島へは足を延ばせなかったが、種差の海岸にも群がっていた。そのうちの一匹に近寄って写真をとったが、物おじせず堂々としていた。

来館記念に「国立公園十和田湖鳥瞰図」400円を購入した。そこに初三郎の絵に添えた一筆（1933年秋）があった。「十和田湖が、どんなに優れた神秘の勝地か、それは今ここに改めて説くまでもない。…そのスケールの雄と、景勝の妙は、正にこれ美の国日本の王座であろう。……感じ来たれば、山の神秘の十和田湖とこの明浄の陸奥金剛（種差の海）。まあなんと云う素晴らしい対象か」

なぜ初三郎が種差海岸に？　と思ったが、その略歴（下記）を読むと、別邸を建てるほど気に

図13　種差海岸インフォメーションセンター

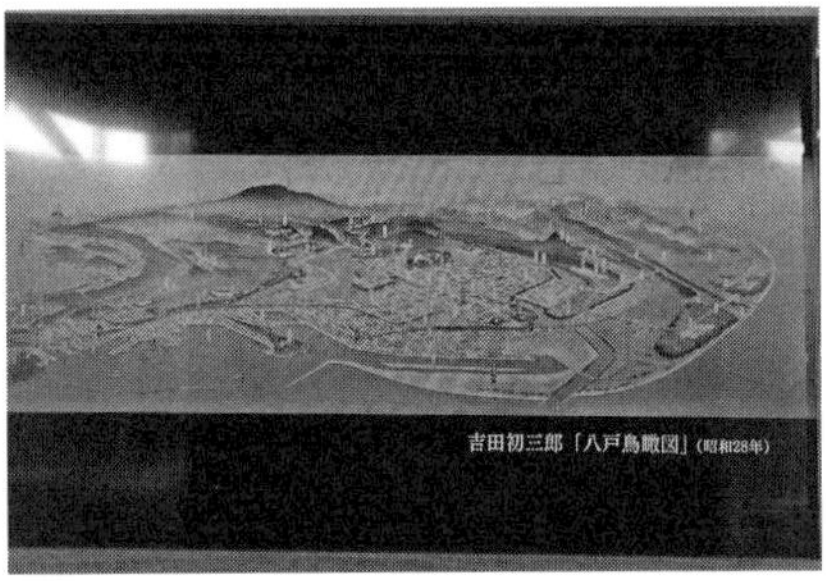

図14　吉田初三郎が描いた八戸鳥観図

図15　海猫の名所蕪島

いっていたようである。「吉田初三郎：1884年（明治17）～1955年（昭和30）、『大正の広重』と称された鳥瞰図絵師の第一人者。大正から昭和の戦前期を中心に、日本全国の都市、観光地、鉄道沿線など生涯2000点余りを描いた。種差海岸を〝日本一の海〟と呼び、別邸兼アトリエ『潮観荘』を建て本拠地とした（『三陸ジオパーク　八戸フィールドノート』八戸市観光課）。

全国の街道を歩きつくした司馬遼太郎も種差海岸を次のように絶賛している。『どこかの天体から人がきて地球の美しさを教えてやらねばならないはめになったとき、一番にこの種差海岸に案内してやろうとおもったりした』（司馬遼太郎『街道をゆく：陸奥の道』朝日新聞社）と絶賛した景観を是非堪能してください」

11時40分に種差海岸を後にして、海岸沿い道路で久慈に向かう。右手に大鳥居を見過ごして海岸に向かった前方の浜辺に大漁旗を持った人たちか目に入った。何か祭りでもあるのかなと思い、車を止めて近づいたら、ＪＲ八戸線の線路の向こうから声をかけられた。名古屋と京都からです、との挨拶に反応されて、「この旗は舞鶴の方の寄付によってできたもので、われわれの旗振りにも支援してもらっています」と説明してくださった。なんの旗振りかと思ったら、もうすぐ列車が来るので、乗客の方々に歓迎の旗を振るとのことだ。1日に1、2本しか走らない列車にぴったり遭遇できるなんて、ラッキー！と思い、線路をまたいで旗振り仲間に私も加わった（図16、図17）。八戸、久慈間を走るレストラン列車 TOHOKU EMOTION であった。列車はすぐ目の前を通り過ぎ、乗客、車掌らも思いっきり手を振ってくれ写真も撮ってくれた（図18）。声をかけ

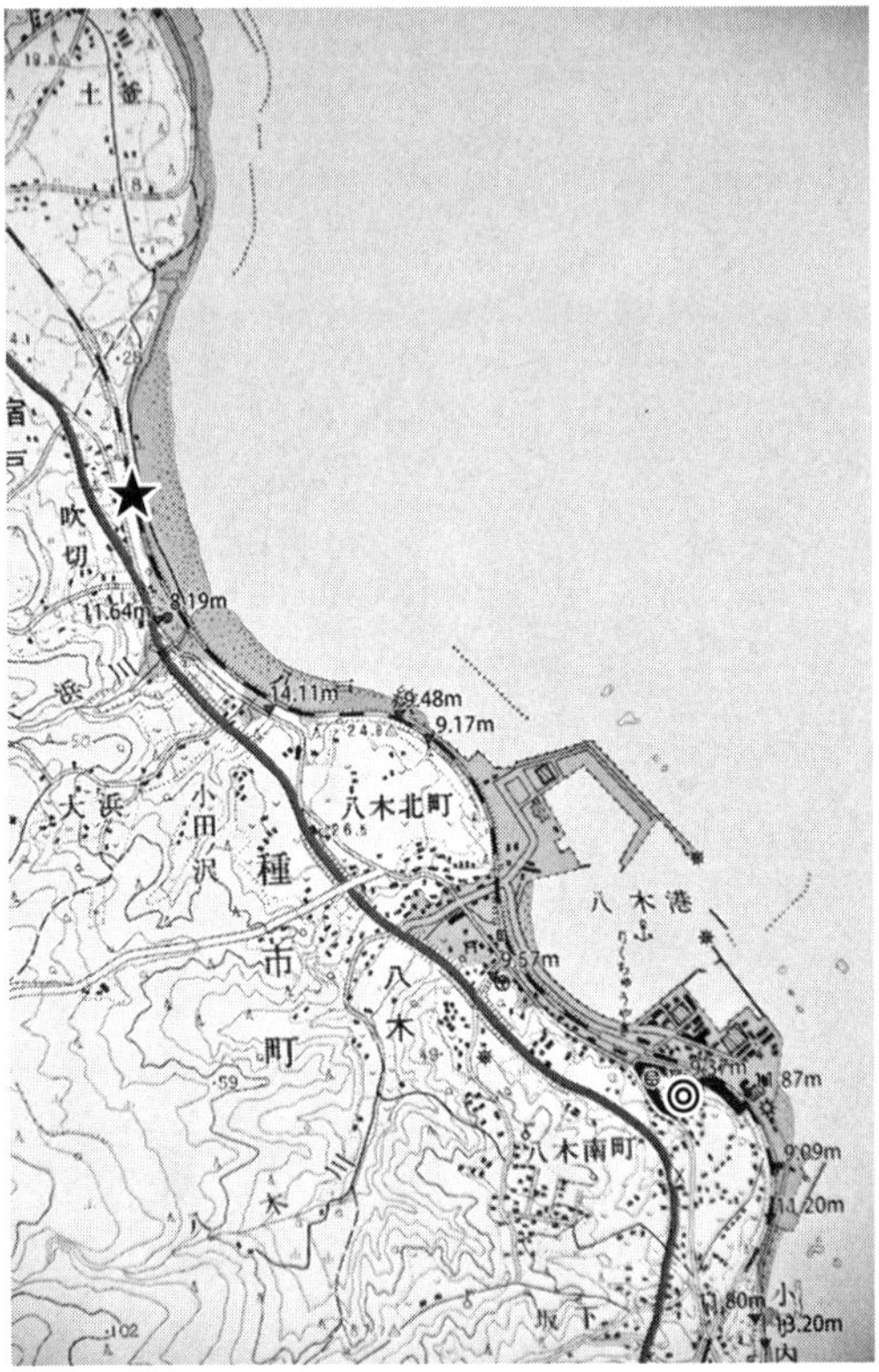

図 16　列車通過地点と明神宮

図 17　列車歓迎（図 16 の星印地点）

てくださったＨさんの話を続けると、かつてこの浜にあった民家は昭和三陸地震（１９３３年３月３日）の際の大津波で全滅し、それ以後住宅は鳥居のある高台の方につくられたという。今回の津波でＪＲ線路は直撃を受け、列車が越えようとする鉄橋は流されたが、洋野町からは犠牲者が出なかったという。過去の教訓が活かされた町づくりがなされている事例として記憶しておこ

図18　列車TOHOKU EMOTIONから手を振る車掌さん

図19　崖の上の神社（図16の◎地点）

う。それにしてもHさんら町の有志の方々は週に4回旗振りにこの浜にこられるという。頭が下がります。

さて旗振りを終え、車に乗って5分後、八木湊を越えたあたりで海辺に突き出た丘の上に小さな鳥居があるのが目に留まった（図19）。梅沢さんという民家所有の社だったが、許可を得て、拝社させていただいた。碑に次のような明治の津波記載があった（図20）。

明神宮由来：古代、此の地は岬であったと言い伝わる。北側は奥深い入江となり、両岸には柳の大木が生繁り、往来の船頭衆に柳の間と呼ばれたのが、後に八木の間となったと言い伝わる。古く此の地方は、製鉄や製塩が盛んであり、上方より積取りの千石船が往来した時代に、鉱業の守護神をお祀りした金山神社と、水の守護神であります明神宮をお祀りして夜毎かがり火を焚いて、海上の安全、航海の安全を祈願したところから此の地をむかえ山と言い伝わるところであります。古代より、幾度も押し寄せた大津波に因って地形も現在のよう

図 20　明神宮由来

に変わり、又、資料等もありません。更に、明治二十九年旧暦五月の大津波に因って両社とも流失し、後に金山神社は現在地に移築されました。明神宮は此の地に在って、日夜、地域住民をお守り下さり、敬神者、参拝者のご祈願には有難く、心願成就の御神徳を授かるところであります。

（注：明治三陸地震29年6月15日午後7時32分、震源：釜石町東方沖200km、M8・2～8・5津波の第1波は30分後。溯上高最高地点は大船渡市三陸町綾里38・2m）

この地が大津波に幾度も押し寄せられたことを物語る貴重な碑であるが、この碑の裏側にもうひとつの苦労話が記されている。この社を建立した梅沢家は1960年（昭和35）にこの地に移住してきた方で、先住の方々に感謝して建立した旨が記されている。資産家であられたであろうからできた話ではあるが、そこに移住民の苦労が読み取れる。

かつての名大地理学研究室の隠岐実習でイカをご神体とする神社に出会ってから、生き物を祀る神社集めをしようと心掛けている。そんな神社を今回は訪ねることはできなかったが、冊子

『三陸ジオパーク　八戸フィールドノート』で見つけることができた。クジラだ。その神社：西宮神社のいわれを読んでみよう。

イワシなどを追いかけて集まってきたクジラは海の守り神として八戸の人たちから大切にされてきました。八戸にはクジラと人々とのつながりをしのばせる神社や伝承が残されています。西宮神社には、八戸太郎と呼ばれたクジラが石になったという言い伝えがあります。なぜ石になったかというと、「八戸太郎は紀州の海で銛《もり》を刺されて傷つき、鮫町の海に戻りましたが、そのまま息絶えて石になってしまった」と伝えられています。

(3) 久慈——やどかり君の水槽

八戸からの寄り道巡検の終着は久慈市に決めていた。宿はどこかの民宿に潜り込めばと思って久慈駅で訪ねたら、民宿のリストはないが、目の前の久慈第一ホテルがいいよ、と勧められた。素泊まりで6700円＋駐車料200円。午後4時ごろに着いたので、駅前をぶらついてみた。思わず感動してシャッターを切ったのが、駅前駐車場の料金の安さ、1時間100円、5時間未満200円でした（図21）。名古屋駅前では30分200円ですから。駅前であまちゃん（2013年度上半期ＮＨＫ朝ドラ）の顔看板（図22）をとって、振り向いたら、びっくり。看板に描かれていたなまはげが目の前に出てきて子供に近づいていったのです。なまはげは見た目がほんとう

図21　久慈駅前駐車場料金

図22　久慈駅前あまちゃん看板

図23　なまはげ登場

に怖いので子供は泣いていたが親は大喜び（図23）。子供の将来を元気づけるといった役目を終えたなまはげ、どこに帰るかと思ったら久慈駅舎へ。駅員さんお疲れさま。浜辺での旗振りといい、地元の人たちの観光サービスに感心した。

駅とホテルの間に水族館（まちなか水族館）があったので立ち寄ったら、さかなクンがたびたび来訪し活性化に貢献しているようだ。そこに素敵なやどかり君の水槽があったので撮影した（図24）。水槽の背景の絵をみると、家の1階まで水が来ており、流される直前だ。こんなとき、家の中に素敵なやどかり部屋があったらなあ、と思った。私が提唱している半地下シェルターだが、小さな子供たちにもアピールするために、「半地下シェルター」という言い方よりも「やどかり部屋」がいいと思ったのは、この水族館のやどかり君を見たことによる。

津波襲来後3時間たてば水は引いていく（大船渡での聞き取りによる）。長くても1日我慢すれば脱出できる。瓦礫に埋まったとしても4日以内には救助される（釜石での聞き取りによる）。三陸には、いや全国でも、地震がきたら高台に逃げろ、といわれても、逃げられないご老人、子供たちが5万といるから、やはり津波が来てから逃げられる場所、すなわち家の中に避難部屋をつくっておくべきでしょう。この日、久慈は雪。寒かった。こんな時、そして真夜中だったら、高台でなくても家の外に逃げることはできません。素敵なやどかり部屋の設計を考案、改良中です。そして、募集中です。よろしく。

さて、こんな寒い日は喫茶店で暖をとるのが一番。でも、ここは名古屋とは違う。あたりを見渡しても喫茶店がない。そこでホテルに戻って喫茶店を紹介してもらった。駅前の旧商店街に1軒あるという。出かけてみた。NHK朝ドラの「あまちゃん」のロケ地であったので、もう少し活気があるかなと思った

図24　津波で家が流されても「やどかり部屋」が命を救う

が、静かな寂しさが漂っていた。そんな寂しい駅前商店街に喫茶店モカはひっそりとあった（図25）。お客なんていないのではと中に入ったら10人ほど先客があり、安心してわれわれもその仲間に溶け込んだ。午後5時から2時間ほど十分にくつろぐことができた。帰りがけに室内の壁を見渡すと、サイン入りの色紙が多数あり、なんとこの店があまちゃんの駅構内喫茶店のモデルになった店であることがわかった。

図25　駅前喫茶モカ（午後4時半）

図26　あまちゃんの色紙

あまちゃんの色紙を載せておこう（図26）。

この喫茶店で感動的な1シーンがあった。われわれの隣の席に男子高校生2人が部活の話などで盛り上がっていた。われわれより先客だったので随分と話し込んでいたと思う。高校生が喫茶店で、なんて名古屋では見かけたことがなかったし、あまりよろしきことではないな、と思っていたが、帰りしな、ドアをあけて外に出る際に、お店のご夫婦に向かって、「ありがとうございました」とよく通る声で礼をいって出て行った。**挨拶ができる子どもたちがいる東北、なんか希**

望がもてるな、と感心したのでした。

「あまちゃん」の食といえば、うに丼もあるが、何といっても「まめぶ」でしょう。第一ホテルの前に図27の看板があったので、23日のお昼に入った。この日は雪で、午後の宮古へ向かうドライブは大丈夫かなと随分心配したが、まあ、まめぶで栄養をとればいけるでしょう、と美味しくいただいた（図28）。

図27　まめぶ店の入り口

図28　まめぶ

まめぶは久慈市の郷土料理で間違いないが、詳しく言うと、久慈市の中の山間部の山形町の伝統料理である。クルミと黒砂糖が入った小麦団子を、豆腐や野菜、キノコと一緒にしょうゆ味で煮込んだ汁物である。図29であまちゃんが**「決してうまくはねえが、うまくねえのに食いたくなる…」**とつぶやいているが、これは間違いで、うまかった！

（4）山形・田老——北上山地最北の短角牛牧場・大堤防と道と墓だけの町

3月23日（月）9時半、久慈第一ホテルを出て、海岸沿いを宮古に向かう予定を少々遅らせて、北上山地の最北部に立ち寄ることに

図29　まめぶ食います

した（図30）。これは近年ネパールの羊、バングラの豚・牛に興味を持ち家畜研究に精を出している渡辺氏の短角牛の牧場をみたいという要望であり、また東西日本論の主流である東の馬、西の牛に反して「東牛西馬論」を唱える私にとっても、一度東の牛の現場を見てみたいという思いがあったからである。雪がぱらつく中、10時に道の駅「やまがた」につき、情報収集。この先281号線をしばらく進んで旧九戸家畜市場の交差点で荷軽部のほうへ右折すると短角牛牧場があるという。10時40分、牛舎が見えた（図31）。飼育者の泥崎さんご夫婦が快く迎えてくださった。牛舎には肉付きのいいメスの短角牛が約30頭、この3月初めに生まれたばかりの子牛も元気に枯れ牧草を食べていた。あと1カ月後に約5haある牧草地に放すという。牧畜歴50年、大災害に見舞われることなく過ごすことができたとのこと。詳細な記録は渡辺氏がとっていたので（図32）、いずれどこかで報告してくれるでしょう。短角牛といっても見た限りでは立派な角があるし、わたしには普通の牛との区別はつかなかった（図33）。山形町の道の駅で見つけた新聞に、短角牛が角を突き合っている写真が「岩手日報」（2006年7月3日）に大きく出ていたので、闘牛博士の石川菜央さん（名大地理研卒、現東洋大学准教授）に謹呈しておこう（図34）。

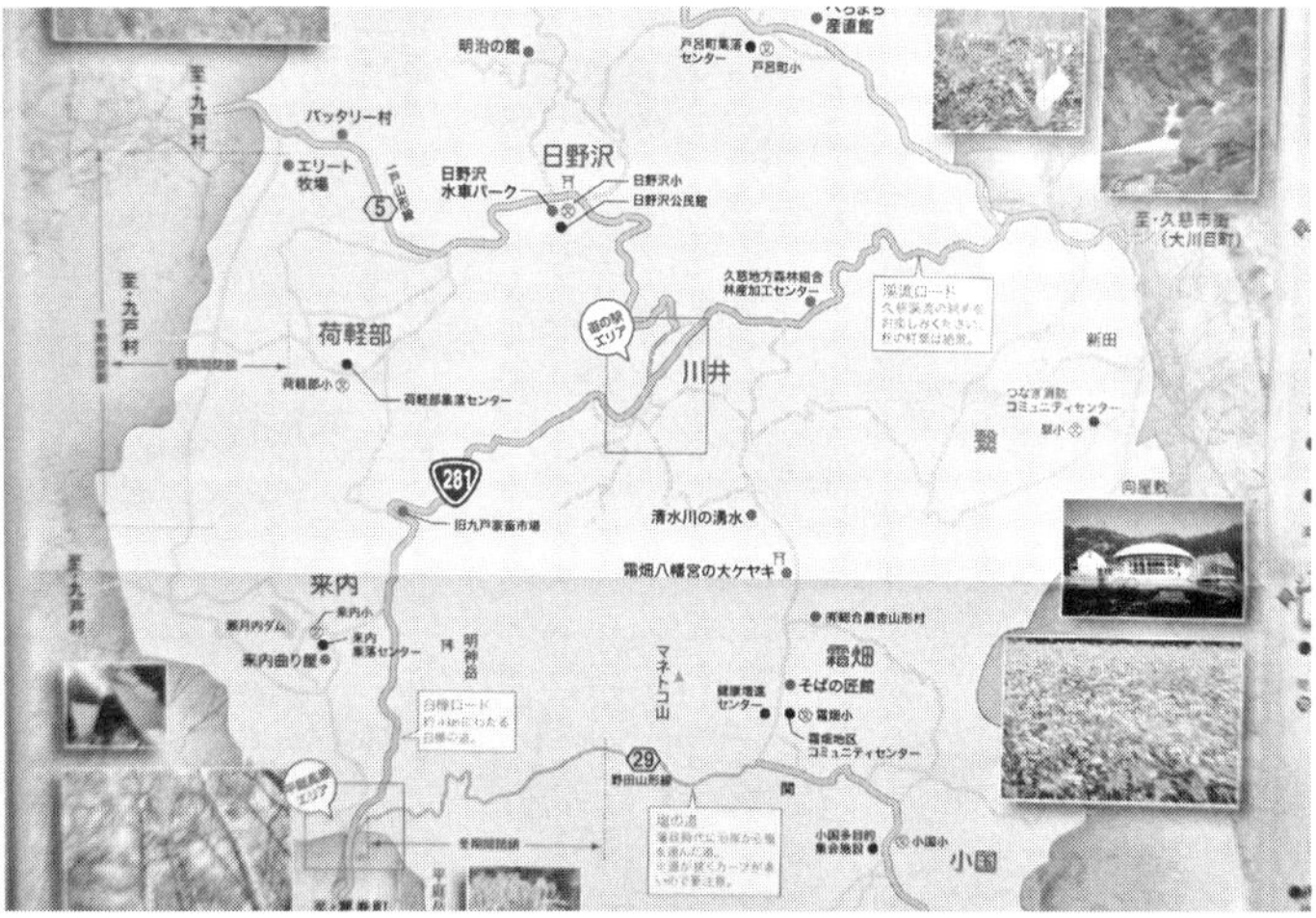

図30　久慈から281号線で山形町荷軽部へ

図31　泥崎さんの短角牛飼育舎

図32　牛舎の中で聞き取り

短角牛見学から久慈に戻って、12時10分に久慈の町中にある道の駅「やませ土風館」に着き、地場食材レストラン「山海里」で昼食。なぜ聞きなれた「風土」館ではないのか？　いまだに謎ではあるが、ひっくり返して使うのも悪くないな、と印象に残っている。

昼食第2弾として、まめぶを食してから、14時10分にやっと久慈市を出発。宮古に着くころには日が暮れてしまうであろう、ホテルもとっていないし、雪が降っているし、心配だらけの出発であったが、やはり、あまちゃんのロケ地の小袖海岸には寄らざるをえないでしょうということで、14時40分小袖海岸着。ちゃっかり「じぇじぇじぇ発祥の地」という記念碑がたてられていた(図35)。

小袖海岸を出たあと、16時25分に「田野畑」道の駅に寄り、17時10分に「田老」道の駅に到着。

図33　短角牛

図34　闘牛の写真

図35　小袖海岸の「じぇじぇじぇ発祥の地」記念碑

そして田老の町場に入る。

高さ10mの万里の頂上堤防に登り、津波で跡形もなくなった田老の町を眺める。町中の道路は立派にできあがっていたが、町場跡地は資材置き場と化しており、民家は一軒も戻ってきていなかった（図36）。津波の難を免れた山腹にある常運寺が目の前に見え、明治、昭和、そして今回の津波犠牲者の慰霊碑がそこに祀られている（図37）。現時点での田老町は、大堤防と道と墓だけの町になってしまっている。

図36　万里の長城堤防から旧町場を望む

図37　常運寺と墓地

2年半前（2012年11月12日）に常運寺訪問の際のご住職の「バカヤロー発言」が耳に残っている（本書119ページ）。

（5）宮古・山田——避難用の公民館が流された・山田浦から始まるオランダ交流物語

3月23日（月）の夕方は、ホテル探し。JR宮古駅の駐車場に車を入れ、ホテル探し。旧繁華街にある旧旅館をビジネス風に半改装した幸プラザホテルで素泊まり4980

円。夕食はホテルから徒歩5分の末広町にある「割烹おかめ」。お値打ちで美味しかったが、翌朝24日の朝食に困った。喫茶店でモーニングでもと駅前を探したが1軒もなく、しかたなく駅の売店でパンと缶コーヒーで済ませた。本日前半の行程（宮古〜大槌）を図38で示しておこう。

寂しき宮古を9時5分に出発して15分、高浜地区に入った道路横に大きな碑を見つけたので近寄ってみたら「チリ地震津波記念碑」であった（図39）。裏面に「昭和三十三年五月二十四日未明突如チリ地震津波襲来す、なんのまえぶれなく正に寝耳に水である。過去の経験に『津波は地震を伴うもの』これまでの常識は一瞬にして履がえる。それだけに瞬時のうちに住宅財貨を失い生産手段をもぎとられ被災地特に高浜金浜津軽石の一部及び赤前各地区民の惨状言語に絶する。宮古市建之　石工鈴木祐一　昭和三十六年五月十四日」と刻まれていた。被害区分：死亡1人、流失36世帯201人、全壊76世帯407人、半壊70世帯407人、床上213世帯1082人、床下458世帯2304人、計853世帯4402人　総額9億5千万円であった。

事前警告はあったと思うが、揺れないで直接津波が来たら、それは怖かったであろう。

さて、30分ほど山中を走り、山田湾に出たところで、右手に神社が見えたので車を止めた（図40）。そのふもとの小屋で作業中の方と目が合い、挨拶して、3・11の津波の話をうかがった。生々しい話は次の通り。

この方はここ大沢地区にお住まいの漁民で山田湾でかき・ほたてなどの養殖をなされている大町善一さん。3・11のその時、湾の水がすーと引き3mくらい水位が下がった。津波が来ると思

図 39
チリ地震津波記念碑

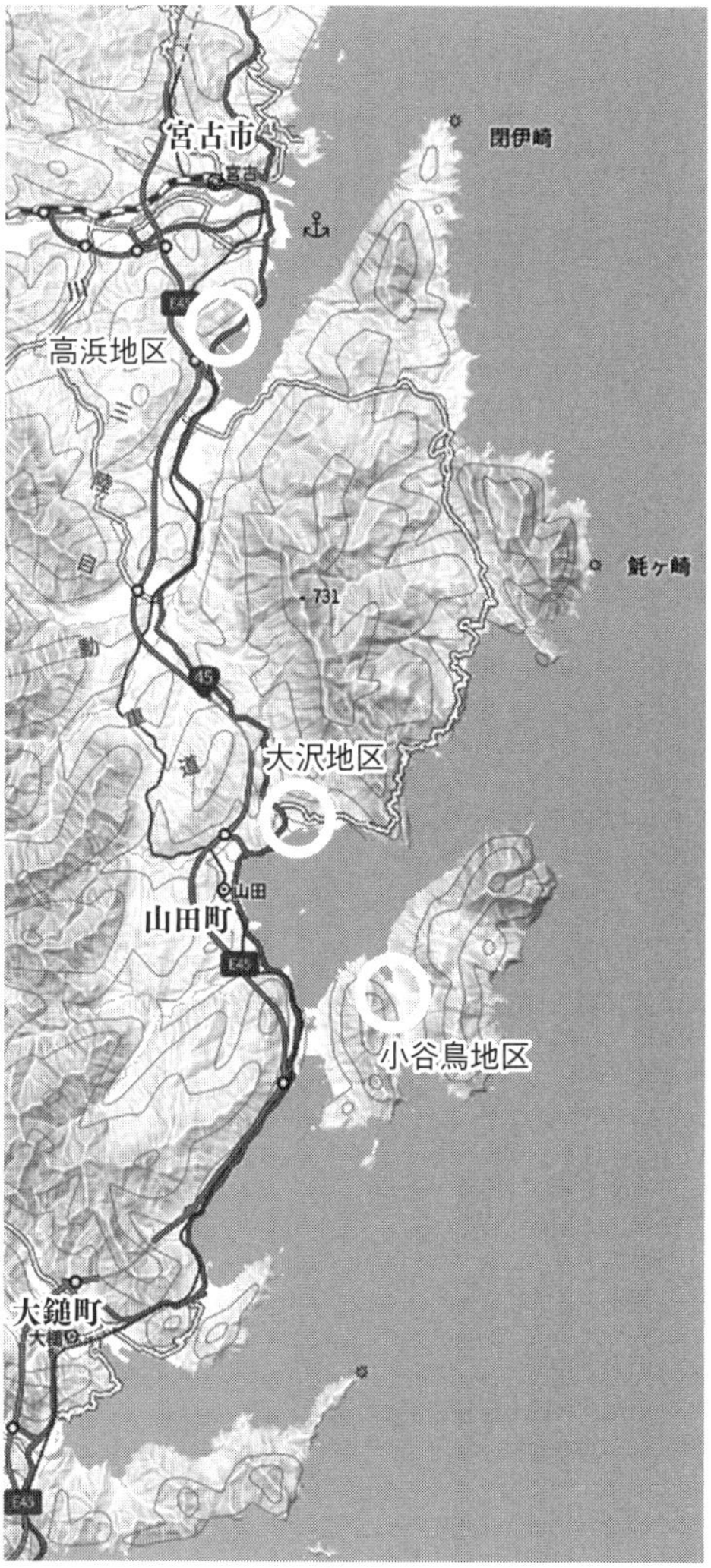

図 38　宮古―大槌　地理院地図 vector

図40　魚賀波間（ながはま）神社

い船を出した。午後3時20分、川みたいに水が押し寄せてきた。砂煙のようで、バーンと音がして、かき・ほたてをつなぐロープがちぎれて樽が抜けた。大町氏は船から津波が町を襲うのを見届け、一晩中湾内を船で漂い、翌朝9時頃に陸にあがったそうだ。幸いご家族は無事でよかったが、家は流され、現在も仮設住宅住まいで不自由な生活をなさっている。

大町さんの案内で魚賀波間《ながはま》神社界隈をまわり、津波の痕跡を示していただいた。

図41は神社下の崖で、ここ（標高約9ｍ）まで津波が来たことを示してくださった。なんと、大町さんのロープがいまだにひっかかっていた（図42）。急な神社の階段を登ると、鉄製の手すりが折れたままになっていた。大浜地区600～700戸のうち半分が流され、60～70人の方が亡くなられたそうだ。大沢地区の海岸沿いに10ｍの堤防が建設されるらしい。

失礼する際に、「津波でひどかったのは太平洋に面する船越半島の小谷鳥だった」と一言。これは行かねばと小谷鳥を訪ねた。28ｍまで津波が押し寄せ、現在残っている家屋はそれより高所に位置していた数軒のみ。急峻な坂道の中途に慰霊碑があった（図43）。

ここで籠を担いだ1人のご婦人に出会った（図44）。思い切って尋ねてみた。「津波のときどうされていましたか」と。危機一髪の生々しすぎる言葉が返ってきた。「ちょうど今日と同じように籠を背負って浜辺でとった貝を入れて自宅に帰る途中でした。このあたりまで来たときに津波が押し寄せてきて、この先に見える小屋から右手に入る山道に入って難を逃れました。そして谷筋の平野部を指差し、あそこに数軒、こちらに数軒民家がありましたが、すべて流されました。背後の山際にあるコンクリート壁を指差し、そこに避難用の公民館があって、集落の人びとが逃げ込んできたのですが、その公民館もあっという間に流されてしまいました。その横に大きな枯れ木がみえるでしょう。それに2、3人の人が掴まってかろうじて命をとりとめました。その横にロープがあって、そのロープに喰らいついたまま絶命し

図 41　津波到達地点を指差す大町さん

図 42　津波で引っかかったままのロープ（円内）

図 43　小谷鳥の慰霊碑

図 44　流出した小谷鳥公民館跡地で語るご婦人

図 45　新規堤防建設中の小谷鳥

図 46　防潮堤工事掲示板

た女性を翌朝見ました。きれいな肌でした。わたしもあと数十秒逃げるのが遅かったら命はなかったと思います」

あまりにも残酷なシーンを思い出させてしまって申し訳ない気持ちで一杯だったが、平然と丁寧にお答えくださった。

現在、小谷鳥の浜辺には新規堤防が建設中で、旧集落跡地はかさ上げ工事が始まっていた（図45）。復旧工事が進むのはいいが、請負額が13億7300万円とあり、少々高いのではないかと思った（図46）。

『時空を超えた絆―山田浦から始まるオランダ交流物語』と題する書物を道の駅やまだで購入した。著者は木村悌郎、岩手復興書店から2013年11月17日に発行、1429円。著者の序がなかなかいいのでここで引用しておこう。

盛岡藩には、国際交流について誇るべき史実がある。1643年(寛永20)6月、7月の2度、盛岡藩山田浦に入津したオランダ船ブレスケンス号事件のことである。

嵐に遭って僚船からはぐれてしまい、食料や水の補給を余儀なくされたブレスケンス号を山田浦の漁民たちはどう見たのだろう。突然現れた黒船の偉容に仰天したのではなかろうか。だが恐れることなく漁民たちは小船を出して近づいた。生鮮野菜や飲料水に困っていると分かり、海に生きる同じ人間として見過ごさなかった。水くみ場に案内して給水させ、生鮮野菜を分け与え、そればかりか初めて見る外国人を恐れず乗船して交流した。ブレスケンス号のスハープ船長は日誌に「住民に親切に遇してもらったので、われわれも親切に接した」と記している。そのことが350年後の山田町にオランダ交流の花を咲かせ、教育はじめスポーツ・文化にまで波及する施策展開の契機になった。

山田町が東日本大震災に見舞われたときも、他国に先駆けるようにして支援を申し出てくれたのはオランダの人たちだった。日本国内のオランダ系企業などが自発的に資金を拠出しあい、オランダ島ファンデーションという名の基金組織を結成。児童送迎バスを提供し、放課後を過ごすための子どもの家の建設に着手している。

わたしが山田町教育長として着任したのは平成4年10月18日である。数日後、学校施設係りから、中学校の窓ガラスが、毎日のように壊されているとの報告があった。この学校は、県内で学校崩壊や学級閉鎖が続出したとき、例に漏れず荒れる学校として2度にわたり報道機関に大きく取り上げられた。新任教育長として喫緊の課題は、ふるさとのこの山田中学校の正常化に尽力することであると決意した。そして、この年から始めるオランダとの交流が生徒たちに夢と希望を与える契機となるよう、また何事にも意欲的に取り組む生徒の育成につながることを願った。幸いそこにはそれまでの教職員のねばり強い指導があった。数年後、この中学校は見事に立ち直り、現在は沿岸の雄として学力、部活動でも広く知られる学校になった。

これは平成の日蘭交流を通じて、生徒たちが世界的視野を持つ者へ変ぼうを遂げつつあることの一つの現れと考えられる。町民の誇れる学校を目指して今日も素晴らしい取り組みが継続されている。

帯書きもいい。

「君はブレスケンス号事件を知っているか。**それは、やさしさの水脈**」

（6）大槌・大船渡――無残な大槌役場庁舎、時計は3時27分のまま・大船渡屋台村

3月24日（火）の午後、小谷鳥を後にして、大槌方面に向かった。図47は大船渡までの行程図。2時20分、大槌町に入り、まずは吉里吉里小学校を訪問した。なぜか。2年前に訪問した際に新校舎校門前に立てられた二宮金次郎の像が印象深かったからである。われわれが子供のころ、どこの小学校にも建てられていたが、歩いて本を読むのは危険とか、子供が働く姿を勧めることはできないとか、戦時教育の名残は消したいなどの理由で、近年撤去が進められている。勤勉精神は見習いたいと思っていたので、この吉里吉里小学校で新金次郎像（平成17年新校舎落成に伴う移設・改装）を見つけて嬉しくなった。それで、再訪したのである。近くにいた女の子に声をかけ一緒に写真をと頼んだら喜んでピースしてくれた（図48）。この小学校、高台にあり津波の危険は無い。景色はいいし抜群の環境にある（図49）。再訪の理由はもう一つある。この正月、二宮金次郎七代目子孫と称する方に出会い、よく知っている方だったので驚きさめやらぬこともあり、彼女（横浜国立大学の池口明子准教授）にこの銅像写真を送ってあげたいと思ったからでもある。

今回の旅では、神社や記念碑が気になって、それらの筆記に結構時間を割いてきた。吉里吉里でも2カ所紹介しておこう。一つは「吉里吉里善兵衛歴代の墓地」。読んでみよう。

江戸時代、南部藩最大の海産商として隆盛を極めた前川一族歴代の墓地がこの先50mのところにあります。前川家の当主は代々善兵衛を名乗り、関東俵物などの開発で三陸の水産発

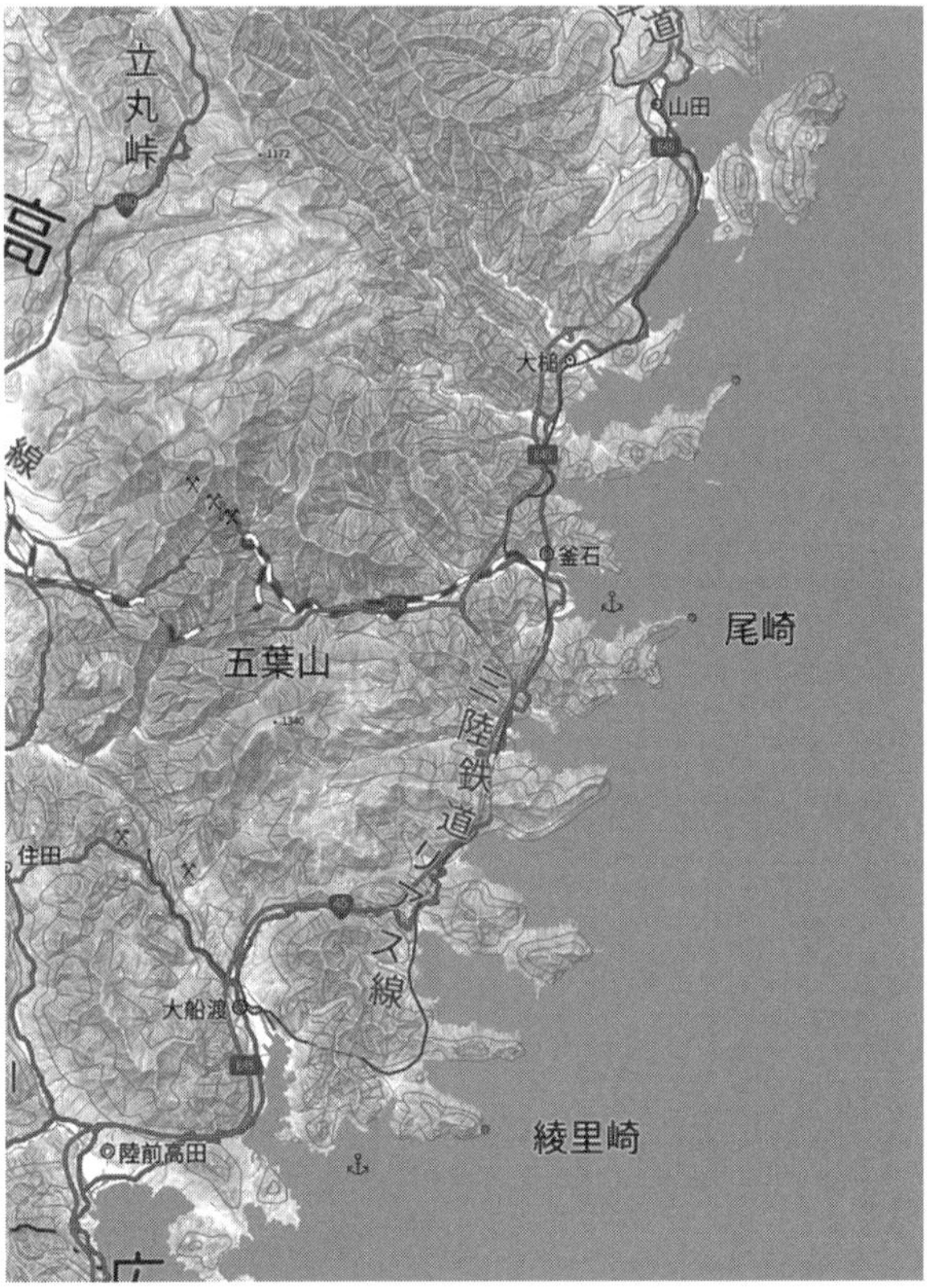

図 47　山田町から大船渡までの行程図　地理院地図 vector

図 49　吉里吉里小学校校庭より
船越湾を望む

図 48　吉里吉里小学校の
二宮金次郎像

展に偉大な貢献をしました。宝暦年間の大飢饉に際しては、吉里吉里村内飢民の救済にあたり、その数53石3斗7升、32120人に達したことが伝えられています。善兵衛の幾多の業績は、数多くの伝承として後世に伝えられ、歴代の墓地にはその偉徳を偲び訪れる方がたえません。吉里吉里郷へ入った人々には、永遠に忘れ得ぬ国の光であります。

（昭和62年　大槌町観光協会）

図50　金比羅神社境内の昭和8年津波記念碑

もう一つは、金比羅神社境内にあった「昭和八年三月三日大津波記念碑」。これは1年後の昭和9年（1934）3月3日に「東京朝日新聞」の読者の義捐金により建てられたもので、裏面に「流失倒壊戸数：大槌町622戸、溺死者61名」とあった（図50）。

さて、大槻町で津波といえば、テレビ、新聞で何度も報道された役場庁舎の破壊と町長ら犠牲者多数という悲惨なニュースが忘れられない。そこに出かけて合掌してきた。庁舎は無残な姿のままで、地元では取り壊すか残すかで意見が分かれているとのこと（図51）。時計をズームアップしてみると、長針が折れたままであったが、はっきりと3時27分を指していた（図52）。2時46分に地震が発生したからその41分後に津波が庁舎を襲撃したものと推察される。庁

図 51　旧大槌役場庁舎

図 52　津波襲撃時の時計 3 時 27 分

舎は3階建てで、屋上に逃げたが波に呑み込まれたとのこと。4階建てだったらと思う。

　大槌町を後にして、今回は釜石市は通過し、大船渡へ向かった。4時半に以前2回お世話になった福富旅館に到着した。予約しておかなかったが、土日ではないし大丈夫であろうと思っていたが、またまた満席だった。復興作業員の方は土日よりもむしろ平日の方が多いとのことだ。近在ホテル10軒を紹介していただき、リスト順に電話してみた。1軒目満席です、2軒目満席です。3軒目も、4軒目もダメ。……諦めかけて7軒目。何とか用意しましょうとのことで、最悪の車中泊を免れた。これがなかなかいいホテル「オーシャンビューホテル丸森」で、見晴らし抜群の部屋だった（図53）。飛び入りなので夕食はホテルでとれず、町場に出かけ、震災後にできた「大船渡屋台村」でいただいた（図54）。

　夕食からホテルにもどり一階ロビーでくつろいでいた時に、これは聞けそうだと思い老女将に「津波が来たときどうでした？」と声をかけた。以下、危機一髪話。

　その日（2011年3月11日）の午後1時半、昼食中に息子（ホテル支配人）から、中学2年の

図 53　大船渡湾越しの太平洋

図 54　屋台村

孫が小学校下の嫁の実家で待っているから迎えに行ってほしいと電話があった。大船渡の港の駐車場まで友人の車に乗せてもらい、自分の車に乗り換え、さあ迎えにと思ったときに、車がドスンといって揺れに揺れて動かない。バックもできない。随分とあせったが、しばらくして動いてくれた。孫のところに行かねばの一心で急いだ。なんとか孫に会うことができ、車に乗せ、国道に出て高台にある自宅のホテルに向かったが、渋滞して車がなかなか前に進まない。いらいらしながらやっとのことでホテルについた。その10分後に津波がきた。低い位置にある町場の家の屋根が渦巻いているのが見えた。

中2の息子に聞くと、大地震発生時に帰宅しかけた学生たちを高台にある中学校の先生が、学校に戻るように連れ戻しに来たが、おばあさんが迎えに来るからといって断って、彼だけは中学校より低い位置にある小学校のさらに下にある家へ行ったそうだ。老女将は孫にお礼をいわれたそうだ。「もしおばあさんが遅れて迎えに来てくれなかったら、僕は家ごと津波に巻き込まれていた。ありがとう」と。「その孫がこの4月から大学1年生になるんですよ」と嬉しそうだった。

田村剛一『3・11大震災私記』（山田伝津館、2014年3月11日、1000円）を道の駅やまだで購入した。著者略歴によると、1938年生まれ、金沢大学地理学専攻とあった。岩手県の県立高校教師として、一関二高、釜石北高、大槌高、遠野高、山田高、盛岡二高に勤務。現在、山田町愛宕地区自主防災会会長、山田町伝津館代表として防災の語り部として奮闘中。

帯書きに「地震発生から、お盆前後まで、5カ月間のできごとを〝大震災私記〟として盛岡タイムスに連載。その前編部分で、自宅復旧のかたわら地域、知人、友人、教え子達に思いを馳せながら綴った貴重な震災体験記である」とある。

山田町だけで816人もの方が亡くなっているわけだから、津波にのみつくされた町の描写はすさまじい。その123ページに「大槌は山田以上の被害だそうだ」とある。125ページ『町がなくなった』。安渡トンネルを抜け、目の前の風景を目にした時、一瞬そう思った。前方にも右にも左にもすっかり家がなくなっていた。『山田以上かもしれない』そう直感した」。132ページ「大槌の教え子たち……盛岡から帰ってきた次の日、奥さんと一緒にさらわれたようです。……日がたつにつれ、教え子たちの悲報も増えるばかりでつらい」

高台がすぐ近くにあっても逃げられなかった人も多い。151ページ「50代の夫婦の家は避難場所になっている水天宮のすぐ下、上り口の階段までの距離は10mぐらいしかない。ただ、その階段は急で、体の不自由な人には自力では無理であった」

（7）陸前高田――山を削って土砂運搬パイプでかさ上げ地造り

3月25日（水）は、大船渡から仙台まで帰らねばならなくなったので、以前訪ねた被災地のその後を眺めるだけの急ぎのドライブとなった。行程は8時55分に大船渡を出発し、以後到着時間を記すと陸前高田（9：30）、気仙沼（10：13）、歌津（11：20）、11：40志津川（11：40）、大川小学校（12：55）、雄勝（13：20）、女川（13：45）、そして16時30分に仙台駅に到着した。

大船渡から一旦山道となり、陸前高田の平野部に出ると、いきなり津波に襲撃されたままの5階建てのビルが目に入った。外形はしっかり残っていたが、4階までの窓がすべて破壊、特に1、2階は窓枠さえ押し流されていた（図55）。

図55　4階まで破壊のビル

そして町中まで進むと「オカモト セルフ」の大看板の上に「津波水位15・1M」という矢印が付けられていた。その高さに思わず息を呑んだが、それ以上に筒型パイプラインが縦横に張り巡らされているのに異様さを感じた（図56）。よく見るとかさ上げ用の土砂が運ばれてい

図56　陸前高田、津波水位 15.1M

る（図57）。その元を辿っていくと、町場西部の山が削られている（図58）。削られているというより破壊されている。陸橋の陰に隠れてしまい存在感が薄れてしまったあの奇跡の一本松（図59）が、「ああ、山がなくなる」と泣いていた。この削られつつある山を越えたところに、2年前にお世話になり過去帳を見せていただいた長円寺がある。震災時に児童の避難先になったお寺でもある（図60）。ここまで削られたらどうしようと心配してしまう。

当日の「河北新報」に「陸前高田・復興祈念公園計画案：国営の追悼施設中心、20年度完成」

図 57　土砂運搬パイプ

図 58　山を削って土砂供給

図 59　陸橋の陰となった奇跡の 1 本松

図60　山の西陰にある長円寺

という記事が出ていた。以下、全文。

岩手県と国、陸前高田市が同市高田松原地区に整備する東日本大震災の復興祈念公園について、国土交通省東北地方整備局などは24日、国営の追悼・祈念施設を中心に据えた基本計画を示した。公園の計画面積は約130ヘクタール。犠牲者への追悼と鎮魂、教訓の伝承などを基本理念とする。国営施設は国道45号線と気仙川、再生する高田松原に囲まれた広場に2020年度の完成を予定し、追悼式典や復興関連行事の開催を想定している。広場の海側の防潮堤上には追悼スペースとして「祈りの場」を設置。広田湾と高田松原を臨み、海に向かって祈りをささげる象徴的空間にする。広場の東西には震災遺構のタピック45と奇跡の一本松があるほか、北側には道の駅や震災伝承施設の整備も計画されている。基本計画は盛岡市であった最終の第3回有識者委員会で明らかにされた。今後は公園利用者の避難や景観形成の在りかた、管理運営体制を詰める。計画はパブリックコメントなどを経て6月公表予定。

この記事を読んで愕然とした。陸前高田は住民不在の記念碑だらけの町になってしまうのではないか。山土でかさ上げされた土地は住居地盤としては弱そうだし、住民はそこに住めそうもない。

何のために、誰のためにかさ上げをするのか。もう一度根本から考え直したほうがいい。

（8）気仙沼〜仙台――海の色だけが青々しく、その色に癒される人はもういない

3月25日（水）午後、陸前高田を出てからはさらに急いだ写真を撮るだけのドライブとなった。

図61　気仙沼お魚いちば

図62　昭和の味がする魚菓子

最初に立ち寄った気仙沼では、なじみの「気仙沼お魚いちば」（図61）に出かけ、なつかしい昭和の味がする魚せんべいを買い（図62）、地震に弱そうで気になっている気仙沼女子高等学校のかまぼこ型屋上体育館を眺めた。

しばらく山道を走り南三陸町に入ったが志津川地区はかさ上げ工事の真っ最中であった。土砂の盛り土は数メートルの高さになっていたが、10mかさ上げしても、今回と同規模の津波の襲撃を受けた

ら全滅するであろう。南三陸町防災対策庁舎跡で津波避難をアナウンスしていた遠藤未希さんの命を奪った津波、その鉄骨3階建て庁舎の鉄骨だけが現在も残されていた（図63）。

志津川地区を出て山道に入り、北上川に出たところで水路沿いに河口のほうに向かった。震災の年の6月に出かけた際に新北上大橋の左岸側3分の1が破壊されていたが、それは修復されていた。その時は、大橋からすぐに右折して雄勝に向かったが、今回は信号停車時に前方をみると大川小学校がすぐそこにあるではないか。立ち寄ってみた。全校児童１０８人中74人が死亡、行方不明となって、今回の津波災害で最悪の悲劇として繰り返し報道されてきた小学校だ。教職員も13人中10人が犠牲になっている。すぐ背後が山になっているので、なぜすぐに山に逃げなかったのかと思うが、この地区は宮城県作成の津波浸水予測図によると、浸水しない安全地区で避難所に指定されていたから、とっさの行動に移れなかったのだと思う。学校への入り口に「大川地区四百十八精霊位供養之碑」があり（図64）。大川小学

図63　南三陸町防災対策庁舎跡

図64　大川地区四百十八精霊位供養之碑

図65　大川小学校校舎

図66　卒業制作の壁画

校校舎（図65）から山際の校庭には、２００１年度（平成13）卒業制作の壁画が設置されていた（図66、その一部を拡大して本書カバーに採用）があった。そこには宮沢賢治の言葉**「世界が全体に幸福にならないうちは、個人の幸福はありえない」**と、壁の右端に、頭の部分が欠けていたが、おなじみの**「アメニモマケズ　カゼニモマケズ」**が記されていた。

そこに描かれている松本零士の「銀河鉄道９９９」も素晴らしいが、何といっても、和服姿の男の子と女の子が、中国、アラブ、英国（スコットランド）の子供、それにベールをかぶったイスラム教徒の女の子、さらにはパンダとも手をつないでいる姿が美しい。壁の左端に「未来を拓く」との文字が刻まれているように、国境、宗教、性別などあらゆる垣根を取り外し、なかよく手をつなぎ、素晴らしい未来をつくっていきましょうというメッセージが伝わってきた。

山道を抜けて雄勝町に入ったら集落は消えていた。2011年6月3日に訪れたときには破壊された爪あとが痛々しかったが(図67)、それが撤去された風景というのはさらに痛々しかった。これを殺風景というのだろう(図68)。雄勝湾の海の色だけがやけに青々しく(図69)、その色に癒される人がもういない、そんな雄勝の町の変貌であった。

次に女川に向かった。はじめてこの地を訪れたのは1999年。名古屋大学地理学研究室の石

図67　雄勝町中心部(2011.6.3)

図68　整地が進んだ雄勝町中心部

図69　雄勝湾

図70　女川町中心部（2011.6.3）

図71　新女川駅

図72　駅3Fから女川湾を臨む

巻実習の際に島の生活史をテーマにした斉藤大地君に付き添って女川港から船に乗って江島に向かった時だ。復興が進み、今回ひょっとしたらまた江島にいけるかな、との期待を込めて出かけたのだが、港は開かれていなかった。江島の皆さんはどうされているのだろうか。いつか小船をチャーターしてでも出かけねばと思っている。港は無く町は消えていた。2011年6月には破壊されたビルが残っていたが（図70）が、その地にJR石巻線の女川駅が新規に開設され（図71）、つい4日前の3月21日に再開通したので、これからの復興に期待が持てた。図72は新駅舎3階から女川中心部・女川湾を臨んだ風景。
女川を出てからは、石巻、松島、釜石など寄りたいところは多々あったけれど、車を返却せねばならないし、土屋純夫妻との牛タン夕食が待っているので、仙台へ直行した。
私の三陸巡検で何かとお世話になっている土屋氏から、仙台駅西口での牛タン夕食時に、次の書物：東北大学大学院経済学研究科、地域産業復興調査研究プロジェクト編の『東日本大震災復興研究Ⅰ〜Ⅳ』を頂戴した。
震災復興に関する有意義な提言が多く参考になった。ここではこの4冊のタイトルとそこに掲載されている土屋氏の論文名を示したうえで、これはという提言をあげておこう。
Ⅰ『東日本大震災からの地域経済復興への提言』河北新報出版センター、2012。土屋「ライフライン・流通システムの被害とその再生」、
Ⅱ『東北地域の産業・社会の復興と再生への提言』河北新報出版センター、2013。土屋「津波被災地における地域商業の復旧とその課題—陸前高田市における仮設店舗の展開を中心に」、
Ⅲ『震災復興政策の検証と新産業創出への提言—広域的かつ多様な課題を見据えながら「新たな地域モデル」を目指す』河北新報出版センター、2014。土屋「東日本大震災、原発事故後における南相馬市の地域商業」（岩動志乃夫と共著）、
Ⅳ『新しいフェーズを迎える東北復興への提言—「創造的復興」は果たせるのか、4年目のレビュー』南北社、2015。土屋「二極化する被災3県の卸売業、小売業ー神戸市の地域商業と

の比較から」（岩動志乃夫・千葉昭彦と共著）

これらを一読し、Ⅳのタイトルにある「創造的復興」は果たせるのか、という問いかけが気になった。それについて、地域イノベーション研究センター長の藤本雅彦教授は、「はじめに」で次のように述べている。

「政府や地方行政の政策だけで東北地域の『創造的復興』は成就できるわけではない。究極的な復興の担い手は、東北地域に所在する一つ一つの企業であり、1人1人の住民である。これまでのように東北地域が政府や地方行政に頼り続けるだけでは創造的な復興は決して望めないだろう。本当に大切なことは、東北地域の企業や住民が主体的に新たな未来を描きながら挑戦し続けることではないだろうか。こうした企業や住民を支援することが我々のミッションであり、今後もこのような支援活動に尽力したいと思う」

「企業や住民が主体的に新たな未来を描きながら挑戦し続ける」ことはできているのか、できるのか？　いかに大学研究者が支援していくのか、その具体像を、本書を精読して知ることができる。

以下、土屋氏の見解で、これはという提言を書き出しておこう。

Ⅰでの論文で「水平連携の必要性」を唱え、全国の中小スーパーの共同仕入れ機構は三陸地方に展開するローカルスーパーにいち早く商品を供給し、被災地での商品供給を可能としたことを評価している。また、小回りの利く流通システムの可能性も確認している。三陸沿岸では移動スーパーが巡回し、交通弱者である高齢者に生活必需品を届けている点に注目し、ローカルな小規模流通システムは、大手流通業者ができない支援活動ができた、としている。

Ⅳでの論文の結論部分でも同様の納得する見解が述べられている。「チェーン店など域外資本だけでは地域の消費生活を支えることが出来ないと考えられるので、より地域の論理に近い経営が必要になろう。……小売業界では、宅配、送迎などの高齢者向けのサービスがより重要な時代になるものと考えられる」

震災後ちょうど4年目の巡検は八戸から仙台までの長距離の旅であったが、道路整備がかなり進み、津波で流された家屋もかたづけられ、すっきりした景色に変わっていたが、荒れ果てた平地が広がっていただけに殺風景な感じは否めなかった。その中で大きな収穫となったのは道行く方々から、津波襲来時の生々しい話を聞くことができたことと、何カ所か立ち寄った道の駅で手にした書物・冊子からローカルな情報を入手でき、今後の地域復活をいかに進めていくかを議論できるようになったことである。破損家屋撤去と道路整備の次の事業として、平地に高台をつくり居住地復活を目指す工事がおこなわれ始めていたが、山を削ってパイプで土砂が運ばれている風景には、ここに果たして住民がもどってこられるのかという思いと、美しき自然景観を破壊していいのか、という思いが重なって、いたたまれない気持ちになった。

第5章

被災地は、いま

——大船渡から仙台まで　２０１８年６月・２０２２年10月

（１）２０１８年６月——高層防波堤建造中風景と子供たちの誓い〝まけないよ〟

①陸前高田・気仙沼・南三陸：高層防波堤建造中

秋田大学で開催された歴史地理学会大会（５月25日〜28日）から帰名した２週間後にまたまた東北に出かけた。東日本大震災後の復興状況を確認するための２泊３日の旅であった（６月12日〜14日）。12日午後に仙台に着き、翌朝７時から午後４時までレンタカーで、大船渡、陸前高田、気仙沼、南三陸と回ってきた。その道中の写真を載せておきたい。震災の発生した２０１１年の６月と11月、２０１２年11月、２０１５年３月に次いで５回目の被災地訪問である。

早朝に仙台を出て東北自動車道に乗ったため、意外に早く一関ＩＣに着き、そこから北上高地を横断して三陸海岸方面に向かった。しばらくして北上川を越えたところで、直進して気仙沼に向かわず、北方の陸前高田にハンドルを切った。途中猊鼻渓《げいび》という景勝地に寄りたいと思ったが我慢して通り過ぎ、陸前高田に入ってびっくり。巨大な堤防壁が建設中であった（図１、２）。

図１　陸前高田、高層防波堤建造中

図２　陸前高田、高層防波堤建造中現場

もう、完全に海が見えなくなるではないか。その高さは10ｍほどで、確かに津波の勢力を防ぐには効力があろう。

ところで、その壁で住民の命を救うことができるのであろうか。3年前に目にした3・11の「津波水位15・1ｍ」と記されたガソリンスタンドの巨大看板がまだ残っていた。何兆円もかけて岩手県・宮城県は海岸沿いに防波堤をつくってはいるが、15ｍ以上の壁にしない限り、3・11並みの津波が来た場合には効果がない。むしろ危険なのは、高い防波堤があるから大丈夫と住民に思い込ませ、避難するのを遅らせてしまい、命を奪ってしまうことである。もう一つ危険なのはいくら海岸沿いに高い壁をつくっても、多数流れ込んでいる河川のかなり上流まで防波堤をつくらなければ、海岸を目指して来た津波が行き場を失い、河川にエネルギーを増して押し寄せてくるので、その氾濫により多数の犠牲者が出るであろう。奇跡の一本松も泣いていた（図3）。

午前中に大船渡による。ここでも巨大な防波堤が建造中で、被災後の平たん部は盛土造成中で新民家はなく、高層ホテルがいくつか出現していた。Uターンして陸前高田に戻り、そこを南下して気仙沼に向かい、昼食を「K-port」というレストランでとった（図4）。なぜKか、という説明がメニューにあり、「ぜんざい誕生の物語」も載せられていたので、それを紹介しておこう。

K-portの「K」は①気仙沼のK、②渡辺謙のK、③絆のK、④心のK、とのこと。①③④はわかるが、②の渡辺謙さんも復興に尽力されていたことが店主三国清三さんからのメッセージ（これもメニューに記されていた）でわかった。ここでは、謙さんのメッセージ「ぜんざい誕生の物語」を載せておこう。

図3　コンクリート堤防で囲まれた「奇跡の一本松」

図4　気仙沼のK-port料理店

２００４年10月、僕の故郷で起きた新潟県中越地震。亡くなった方、68名、ケガをした方４８００名。あの時、僕はハリウッドで映画「SAYURI」の撮影中に一報を聞きました。

両親はちょうど東京の僕の家に来ていて無事、実家の兄家族も無事。でも、その後も外国での撮影

図５　気仙沼と魚沼の夫婦ぜんざい

が続いていた僕には、「自分を育ててくれた田舎に何も貢献できていない」という思いが募っていました。それから10年後の２０１４年、「震災に遭った地域同士の交流が出来るといいよね…」と、幼なじみから連絡があったんです。当時の僕の悩みを良く知る友の言葉は、僕の背中を押してくれました。「気仙沼と新潟を繋ぐことで、少しでも恩返しができるかもしれない…」。

そんな気持ちを、スイーツという形で表現したのが、このぜんざいです。

僕が生まれた新潟の魚沼は日本一の米どころ。

ここで生まれた粘り強い餅米で作られる餅と、かたや、漁師町・気仙沼のスイートながらパンチのある姉御のようなあんこ。〝沼〟でつながった似合いのカップルが晴れてK-portで結ばれました。互いに地震を乗り越え、復興の道を歩む２人、名付けて〝気仙沼と魚沼の夫婦ぜんざい〟（図５）どうぞご賞味ください！

なお、あんこは、気仙沼でとても美味しいつぶあん・こしあんを手がける「あずきや」さんのものを使用しています。手造り羊かんが自慢のお店。店主の高橋美賀子さんは、お人柄が甘さに出ているような素敵な笑顔のお母さんです。

これを読んだら注文せざるを得なくなるではないか。380円。絆が凝縮された味がした。昼食に時間を取りすぎたため、仙台への帰り道は、南三陸町の防災対策庁舎（図6）で合掌しただけで、女川、石巻には立ち寄ることができなかった。

②楽天vs中日――イーグルスと子供たちの誓い〝まけないよ〟

6月13日の夜は仙台の楽天球場で、中日・楽天戦を観戦した（図7）。仙台在住の土屋氏が1塁側の内野席を予約してくださっていたので、5時半に仙台駅東口で拾ってもらった。球場まで車で15分ほどであった。土屋氏長男の奏汰君2歳1カ月とは初対面であった。怖がられて泣かれたらどうしようかと心配したが、おみやげを手渡したとたん「トーマスだ」（木製の列車）と声を出し大喜びしてくれた。球場でも楽天バットを叩いて応援していたので、私とは敵なのだが、なかよく野球観戦をすることが

図6　盛り土に囲まれた南三陸町の防災対策庁舎

図7　観覧車のある楽天球場

できた。
楽天球場は明るく華やか。レフト側外野席には観覧車が回っており、大型バス模型で子供が遊べるようになっていた。女性ファンも多く、我々の席の斜め前の50歳前後の奥様が大声で楽天選手名を叫んでいたのが耳と瞼に残っている。

奏汰君、さすがに同じ席にじーっというわけにはいかず、途中でお母さんが観覧車のほうまで遊びに連れていかれた。6回を過ぎたあたりで帰ってきたのだが瞼が閉じかけていたので、7回の楽天攻撃時に一斉に放たれた風船を見届けた後、球場を出て帰ることにした。中日のピッチャー小笠原が好投し、アルモンテがホームランを打ち、中日がリードしていたので、私も気分よく球場を後にすることができた。

図8　仙台駅東口の「まけないよ」

仙台駅東口でみつけた「楽天イーグルスとみやぎの子どもたちとの誓い」の横断幕（図8）。**「まけないよ」**メッセージも虚しく、現在楽天はパリーグ最下位。梨田監督の退陣という事態にまで追い込まれている。これだけ負け続けると、みやぎの子供たちも非行に負けてしまうのではないかと心配だ。

でも、ここではメッセージを素直に受け取り、「非行に負けない強い心を育もう」と強い絆で結ばれた楽天とみやぎの子供たちを応援することにしよう。

（2）2022年10月――堤防と道路と公園に変わった海の見えない風景

2018年6月以降4年4カ月後になってしまったが、第6回目の三陸訪問を22年10月30日にした。一関まで新幹線で行き、中尊寺見学後1泊し、翌日レンタカーで北上高地を越え大船渡まで行き、そこで折り返して三陸海岸沿いを南下し、陸前高田、気仙沼、南三陸、雄勝を経て石巻まで駆け足で見学した。石巻で2泊目した翌日は午前中に松島、閖上に出かけただけで、午後には名古屋に帰宅という強行スケジュールであった。じっくりと観察はできなかったが、復旧工事はほぼ終わっていて、ゴミ一つない風景に変わっていた。

その風景写真を、第1章から5章で紹介した被災地写真の変貌ぶりを示すために、載せておくのが本章である。

図9　大船渡の堤防と記念塔と広場

①大船渡

大船渡湾に沿って北から南に進んだところで、被災直後に大船渡屋台村と名づけられた仮設店舗が20店設けられていたが、そこはさら地となり、サンアンドレス公園に生まれ変わっていた。新造された立派な堤防に守られ、荒れ果てた草ぼうぼうの地が美しくなったとはいえ、人の気配が感じられなくさみしい思いがした（図9）。南端の記念塔に登って見渡しても、民家はなく海沿いの埋め立て地の倉庫群が目立った景色であった（図10）。

図10　記念塔から見た倉庫群

② 陸前高田

大船渡から45号線を山中に入り10分少々で平野部に出たところが陸前高田町であった。海岸部の奇跡の一本松を目指していったが、ここも平野部に民家はなし、立派な堤防だけが目立っていた。堤防に登ってみたら、海辺の砂浜にびっしりと松の苗木が植えられていた（図11）。この松林

図11　堤防と海岸沿いの新松林

図12　堤防と奇跡の一本松

図13　伝承館から見た堤防

図14　大堤防から見た伝承館

の西端で気仙川の河口に修復された奇跡の一本松が聳えていたが、そこからも堤防にさえぎられ太平洋に続く広田湾の海は見られなかった(図12)。平野部に道の駅「高田松原」ができ、その一画に「東日本大震災津波伝承館――いわてTSUNAMIメモリアル」が併設されていた。ここからも海を眺めることはできず(図13)、案内板に「海を望む場」として大堤防の上が示されていた。図14は大堤防から見た伝承館。

③ 気仙沼・南三陸

陸前高田から、しばらく山道に入り、30分ほど走って出たのが気仙沼。ここでは毎回訪ねている「お魚いちば」で昼食をとり(図15 16)、早々と南三陸町志津川地区に向かった。ここも破壊された街並みは堤防と高台で整地され、何回も祈りを捧げに出かけた防災庁舎の3階建て鉄骨も堤防に登らねば見えなくなってしまっていた。「南三陸町震災復興祈念公園」の標識棟(図17)

から長い階段を下りていかなければ辿り着けないし（図18）、御線香もあげられなくなっていた。

④石巻市大川小学校

南三陸町から海岸沿いの398号線を走り、北上川の大橋を渡って震災遺構となった大川小学校に向かった。

図15　気仙沼お魚いちば入り口

図16　「お魚いちば」の売店

図18　盛り土道に囲まれた防災対策庁舎

図17　南三陸町震災復興祈念公園

図19　大川小学校校舎１階

図20　大川小学校閉校記念碑

校舎は２０１５年に訪ねた時と同じでそのまま残されていた（図19）が、新たに「閉校記念碑」（２０２０年10月建立）が立てられていた（図20）。そこには被災前の校舎が描かれ、校歌「未来をひらく」（１９８５年制定）が記されていた。載せておこう。

一、風かおる　北上川の　青い空
　ふるさとの空　さくら咲く　日
　本の子ども
　胸をはれ　大川小学生　みがく知恵　明るい心　くちびるに　歌ひびかせて
　われらいま　きょうの日の　歴史を　刻む

二、船がゆく　太平洋の　青い波　寄せてくる波　手をつなぎ　世界の友と
　輪をつくれ　大川小学生　はげむわざ　鍛えるからだ　心に太陽　かがやかせ
　われらこそ　あたらしい　未来をひらく

⑤石巻市雄勝町と門脇小学校

大川小学校から10分ほど山道を走り海岸部に向かったところが雄勝町で、硯の産地で著名な町であったが、震災で全滅し、復旧作業後は民家はなく、堤防が整備され、硯の記念館施設が並ぶさみしい町になってしまった（図21）。

雄勝町からは時間の関係で、女川町には向かわず、北上川に戻り、石巻市中心部に向かった。そして街並み南部にある門脇小学校に向かった。ここも津波の被害が大きく廃校になり、現在は本校舎が震災遺構記念会館になっていた。校舎がそのまま残されていたのはいいとしても、校舎の両側に墓地が造成されていた風景には、目をつむらざるを得なかった（図22）。

図21　雄勝町の堤防と硯記念館

図22　門脇小学校は廃校となり墓地となる

⑥松島

石巻で2泊目をして、最終日の10月31日は松島に寄り、海ほたるのようなキラキラ輝く海を眺め（図23）、瑞巌寺（図24）本堂に参拝し、海辺の小島に建てられた瑞巌寺五大堂（図25）で、これが標識に記された「政宗が育んだ**〝伊達〟な文化**」かと感心し、今回最後の目的地の名取市閖上に向かった。

図23　松島

図24　国宝瑞巌寺入口

図25　瑞巌寺五大堂

図 26　日和山と鳥居

図 27　平野部に忠魂碑と倉庫

⑦名取市閖上

２０１１年６月にみた閖上中学校の悲惨な光景は、未だに瞼に焼き付いて離れない。その後も２０１５年に訪れたが、今回廃校となり２０１８年４月に小学校と合併。少し内陸部に入った所に移っていた。日和山には立派な鳥居が建ちきれいに整備されていた（図26）。山頂にあって崩れ落ちた忠魂碑は４つ並べて山下の平地部に建て直されていた（図27）。ここも三陸で巡り歩いた他の地区と同じように、被災にあった平地部は、延々と続く新堤防に囲まれ、民家はなく道と公園と倉庫のみの風景であった。

付章1　太平洋沿岸の飢饉・津波被災地巡検

(1) 青森県八戸――天明飢饉時の飢え人救済

2004年9月20日から5日間での名古屋大学地理学教室の実習旅行で青森県八戸市に出かけた際に資料収集し、「『鮫御役所日記』から見た天明飢饉と漁村―八戸藩の場合」(立命館大学人文科学研究所紀要87、2006・3)と題する小論を上梓した。

この論文の狙いは、飢饉は農村を打撃したが、魚はとれるであろうから漁村は大丈夫だったのではなかろうか、という仮説で、日記を分析したが、結果は、私の目論見は外れ、八戸の漁村は不漁で多数の犠牲者が出たという結果になった。塩焼き人も船乗りも餓死し、船主は漁船を手放さざるを得なかった。

以下、論文の中で、飢饉下の食確保のための行動パターンと飢え人の救済について考察した部分を抜き書きしておこう。

人々は8月に飢饉が確定すると、主食になりえる穀物類をあきらめ、畑や野山に生える植物に最初に目をつけている。しかし9月には非人（路上生活者）が出始めていることから、野山で採集できる量には限度があり、すぐに採集可能な植物を採り尽くしてしまったといえる。しかし、人々が野山に向かった行動は早く、相次ぐ凶作により野山に向かうという行動パターンが確立していたと指摘できる。

農産物の次に、人々が食料としたものは馬・鶏・鹿・犬と海産物である。馬・鶏・鹿・犬は普段は家畜として使われるか、野山に見られる動物である。平常時、これらの家畜は食用ではない。飢饉下では家畜の餌さえも人間の食料になるため、非常時には家畜自体も食用にされた。一方の海産物には、日常的に食べられていたものと非常時しか食べられないものとの区別があった。飢饉下では普段食べないいつのまた・ずるも・めのこなどといった海草や、るこ貝というような貝類を食用にしている。これらの海草や貝類の味はまずく、人々は食べ方を工夫していたようである。動物の肉とこれらの海産物を比較すると、馬・犬を食べるという記述が海産物を食べる記録より早い時期から多く書かれている。さらに市で売られていたのも馬・鹿肉が多い。つまり、人々には動物の肉の方が調理もしやすく栄養が豊富であることから好まれていたと想定できる。

したがって、人々が食料確保のためにとる行動パターンは、①凶作、②野山での木の実・根物の採集、③馬・鶏・鹿・犬などの動物、④海草・貝類へと移行したと考えることができる。

次に飢え人救済について。

1784年（天明4）9月に入り、街中に非人が現れるようになった。夜になると店先で寝転ぶ非人を店主が追い出す一方、八戸城下の商人・美濃屋は、自分の質店の前に風除けを設置して非人への救済行動をとっている。11月頃になると、長流寺が非人小屋（施行小屋）を設置している。正確な時期は不明だが、同年度中に新井田の対泉院でも非人小屋が設けられている。これらの小屋では非人が集められ炊き出しを支給された。炊き出しには八戸周辺の村からも人々が集まっていたようである。この他、広く人々に支給されたものとしては、3月、6月に救済として与えられた塩がある。

以上のことから、八戸での非人の救済行動は、①城下に住む裕福な町人によって始まり、②非人が多くなると寺院に非人小屋を設置して収容することで救済し、③社会全体が次第に回復していく頃になると、自力で回復するよう救済パターンを転換させる、という過程で進められたと考えることができる。つまり救済行動をおこなうことは、町で比較的裕福な人々が貧しい人々に対して果たす責任だったのである。

こうした、農村、農民の動向と関連づけることによって漁村の意義付け、その一つとして飢えを免れるための最後の手段として海草・貝類を漁村に求めていたことは重要である。ただ、1784年（天明4）の前半は、漁業自体が不漁で、漁村でも餓死者が続出し、農村飢饉を救うどころではなかった。漁村の人々が生業としていた農業、漁業、製塩業、海運業そのいずれにおいても人手不足で壊滅的な状況であった。

地元ではそうであったが、広域の援助ネットワークがあったことは注目されよう。

八戸より南方の三陸海岸の久慈、宮古、釜石では大漁だったようで、そこから鰊や赤魚が大量に運ばれていた。また、越後の新発田から津軽海峡を通って米を搬入した船頭と水主に褒美が与えられたという。こうした温かい行為が見出された。

（2）静岡県伊東市——寺院過去帳による死者数の推移

2013年7月27日（土）午前7時10分に高畑の自宅を出て、名古屋高速、東名、新東名で浜松サービスエリアに8時45分に着。中村勝芳氏をピックアップして、伊豆の下田に向かう。東名の長泉・沼津ＩＣで降り、三島市経由で伊東に着いたのは11時50分。海辺の「海女の小屋・与望亭」で昼食。海鮮丼11種の中の7種の地魚「川奈丼」（1600円）を味わう。ちょっと高いがここは伊豆だ。しょうがないか、奮発しよう（図1）。有名人の色紙の中に夏目雅子があった（図2）。

図１　川奈丼

図２　夏目雅子のサイン

そして午後1時10分前に海蔵寺訪問。海岸から20mほどの地点が標高2・5m、そこから坂を上がったところにお寺の石段があった（図3）。22段の下から6段目に関東大震災（1923年）の津波到達点の印があった（図4）。安政の津波（1854年）は下から3段目、元禄の津波（1703年）は上から4段目まで水が来たという。いずれの大津波にもお寺は無事であった。海蔵寺本堂に上り詰めると、その右手に関東大震災の慰霊碑（1930年作）が建てられていた（図5）。伊豆半島東岸の相模湾沿岸地域が津波に襲われた証しである。

図３　海蔵寺門前の石段

図４　関東大震災時の津波浸水点

図５　海蔵寺の本堂と関東大震災慰霊碑

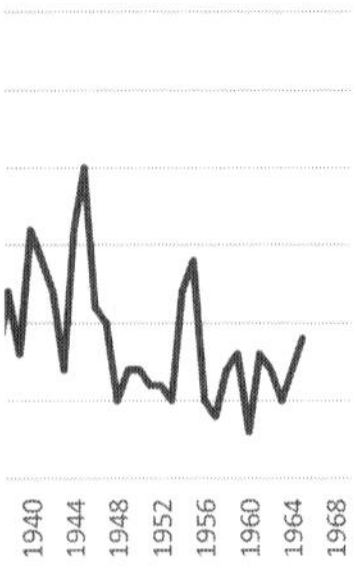

さて、中村氏のお母さんが、川奈の書道教室で海蔵寺住職の奥様とお知り合いということでご紹介いただいていたので、即、過去帳を見せてもらうことができた。こんなにスムーズに見せていただけるとは思っていなかったので、ありがたかった。それだけではない。隣の高台にあって、1970年頃に廃寺となった慈眼院が海蔵寺に合併されたこともあり、慈眼院の過去帳も一式見せていただいた（海蔵寺過去帳：1647〜1965、慈眼院：1804〜1969）。2カ寺分の過去帳の閲覧となると1人だったら4時間はかかるのだが、中村さんの手伝もあり、2時間余で済ませることができた。

この3日間、両寺院の過去帳記録をエクセルに入力するのに随分と時間がかかったが、1804年（文化元）から1965年（昭和40）までの死者数の推移をグラフ化してみた。図6は海蔵寺分のグラフである。門前の階段に関東大震災時の津波浸水点があったように、この地は過去何度も津波に襲われている。ゆえに、多数の死者が出て、それが過去帳に記載されているであろうと確認してみたが、1854年（安政元）も関東大震災（1923年）の両年とも平均死者数7・3人を下回る6人と2人であった。1930年に関東大震災の犠牲者の慰霊碑がたてられているので、相当亡くなったはずであるが、それが過去帳に現れていないのは謎である。

平均死者数の倍の死者が出た年を大厄年としてあげると、1811年（文化8）15人、1816年（文化13）18人、1835年（天保6）20人、1837年（天保8）15人、1848年（嘉永元）23人、18

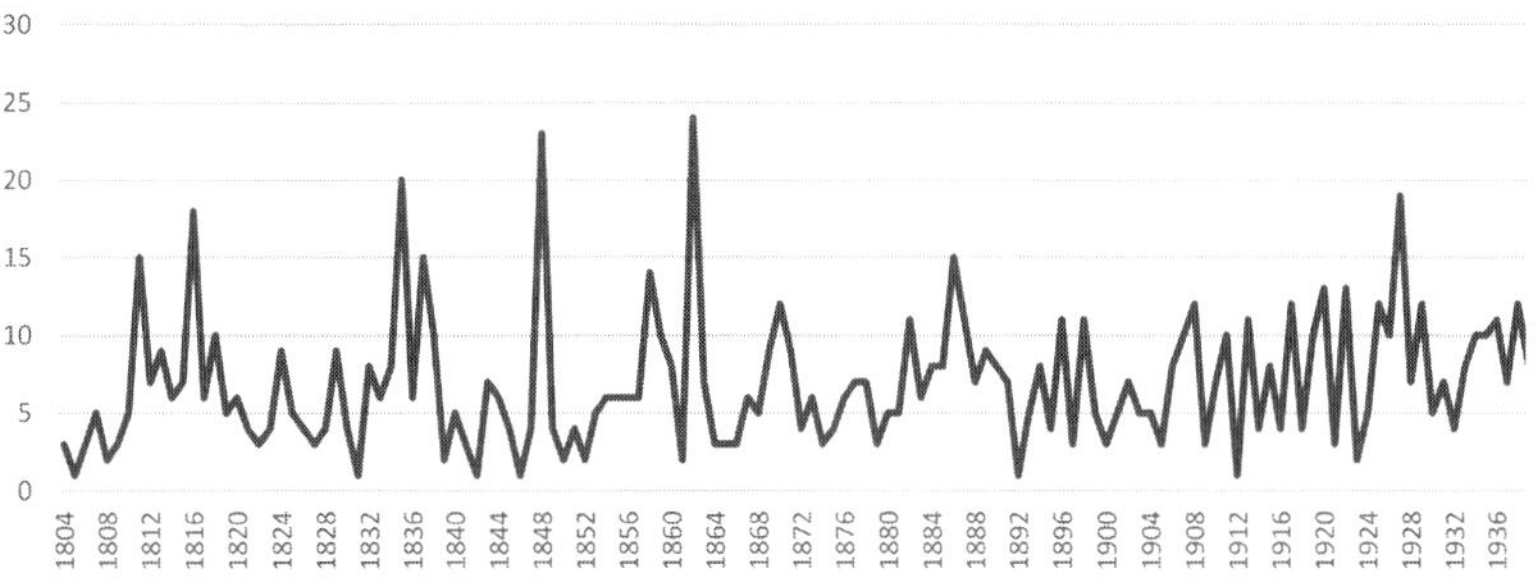

図6　海蔵寺檀家の死者数

62年（文久2）24人、1886年（明治19）15人、1927年（昭和2）19人、1940年（昭和15）15人、1944年（昭和19）16人、1945年（昭和20）20人で、そのうち明らかに死因がわかるのは天保年間の飢饉、1944年、45年の太平洋戦争死であり、本寺院最大の死者を出した1862年（文久2）はハシカとコレラによるもので、これらは全国どの村でも共通する被害であった。1848年（嘉永元）は幼児を襲った伝染病によるといってよかろう。死者23人中15歳以下の童子・童女が16人で、しかも4月〜6月に集中（11人）していた。1886年（明治19）は大人も流行病の犠牲になった。死者5人に死因が「流行病ニ而（急）死ス」と書かれていた。

明治中期以降、死因が書かれている場合がところどころにあり、それを見ると、戦死、流行病死と同様に多かったのが海難事故である。同日に成人男性が複数亡くなっている場合がそうであり、例えば1908年（明治41）4月8日に4人の男性が「八丈嶋ニテ暴風雨の為メ遭難ス同乗十二人ナリ」との理由で亡くなっている。

伊豆半島の温泉観光地で景気がよさそうな伊東もかつては、津波

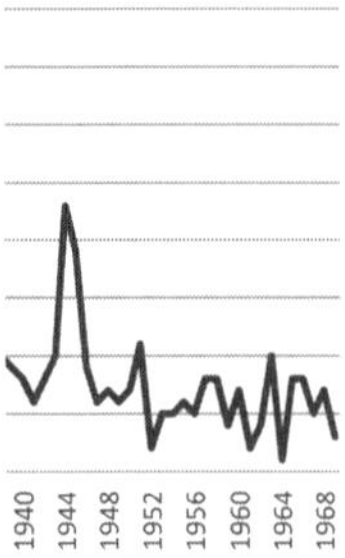

図７　津波の避難場所になっている慈眼院からみた川奈湾

だけでなく飢饉、伝染病、海難事故など、さまざまな災害に打撃を受けていたのであった。

海蔵寺から２００ｍも離れていない海辺の高台に慈眼院はあった。過去形で書いたのは昭和40年代に廃寺となり海蔵寺に合併されたからである。図７は現在津波の避難地に指定されている慈眼院の跡地から見た川奈港と海水浴場の風景である。

慈眼院にも過去帳があり、それを海蔵寺のご住職が「亡くなられた慈眼院のご住職はきちんと記録をとられていて、過去帳も詳しいですよ」といって見せてくださった。そのとおり、数人に１人という割合であるが、死因が詳細に記されていた。

慈眼院も海蔵寺とほぼ同じの１年平均死者数が７・１人であった。慈眼院には年代順の過去帳の他に、家別の過去帳が別途つくられており、それによると１９２９年（昭和４）の戸数が１０６戸で、檀家の増減も幕末から昭和初期まで数軒程度におさまっていた。これらから、海蔵寺も同時期に檀家数は１００戸程度と推定しておいて大きな誤りはなかろう。

まずは慈限院の死者数の変化を見ておこう（図８）。平均死者

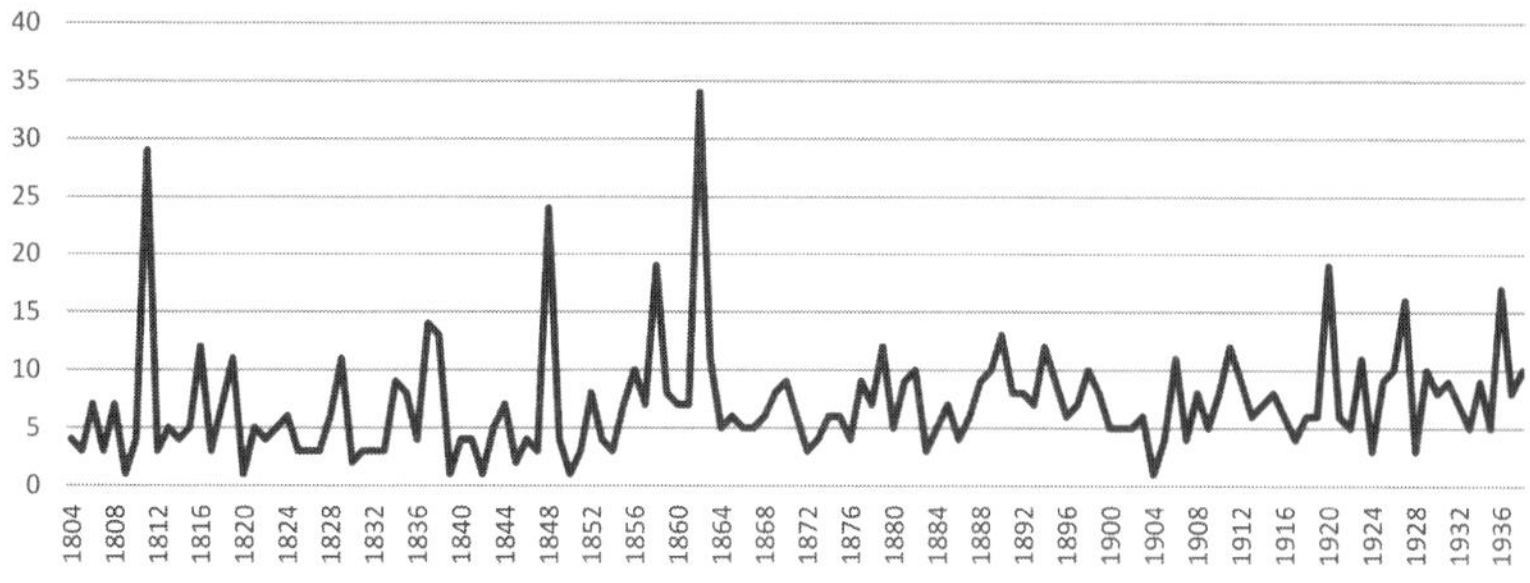

図８　慈限院檀家の死者数の推移

数の倍の死者数が出た大厄年をあげておくと次のとおりである。１８１１年（文化８）29人、１８４８年（嘉永元）24人、１８５８年（安政５）19人、１８６２年（文久２）34人、１９２０年（大正９）19人、１９２７年（昭和２）16人、１９３６年（昭和11）17人、１９４４年（昭和19）23人、１９４５年（昭和20）19人であった。

　このように両寺の死者数の推移は、隣接する寺院で規模も同じゆえ当然とはいえ、類似していることが明らかになった。

　次に男女別・年齢別（15歳を境にした２区分）にその動向をみてみよう。識別しやすいように１８３０〜１９５０を40年ごとに３区分して表示した（図９、10、11）。

　図９の幕末期：１８３０年（天保元）〜１８６９年（明治２）、図10の明治期：１８７０年（明治３）〜１９０９年（明治42）、図11の大正・昭和前期：１９１０年（明治43）〜１９４９年（昭和24）の各40年間ごとの比較をしてみよう。まず、幕末期と明治期においては総死者数が２８０人・２７６人で年平均死者数が約７人でともに変わりがない。ただ年ごとの凹凸を見ると、明治期に

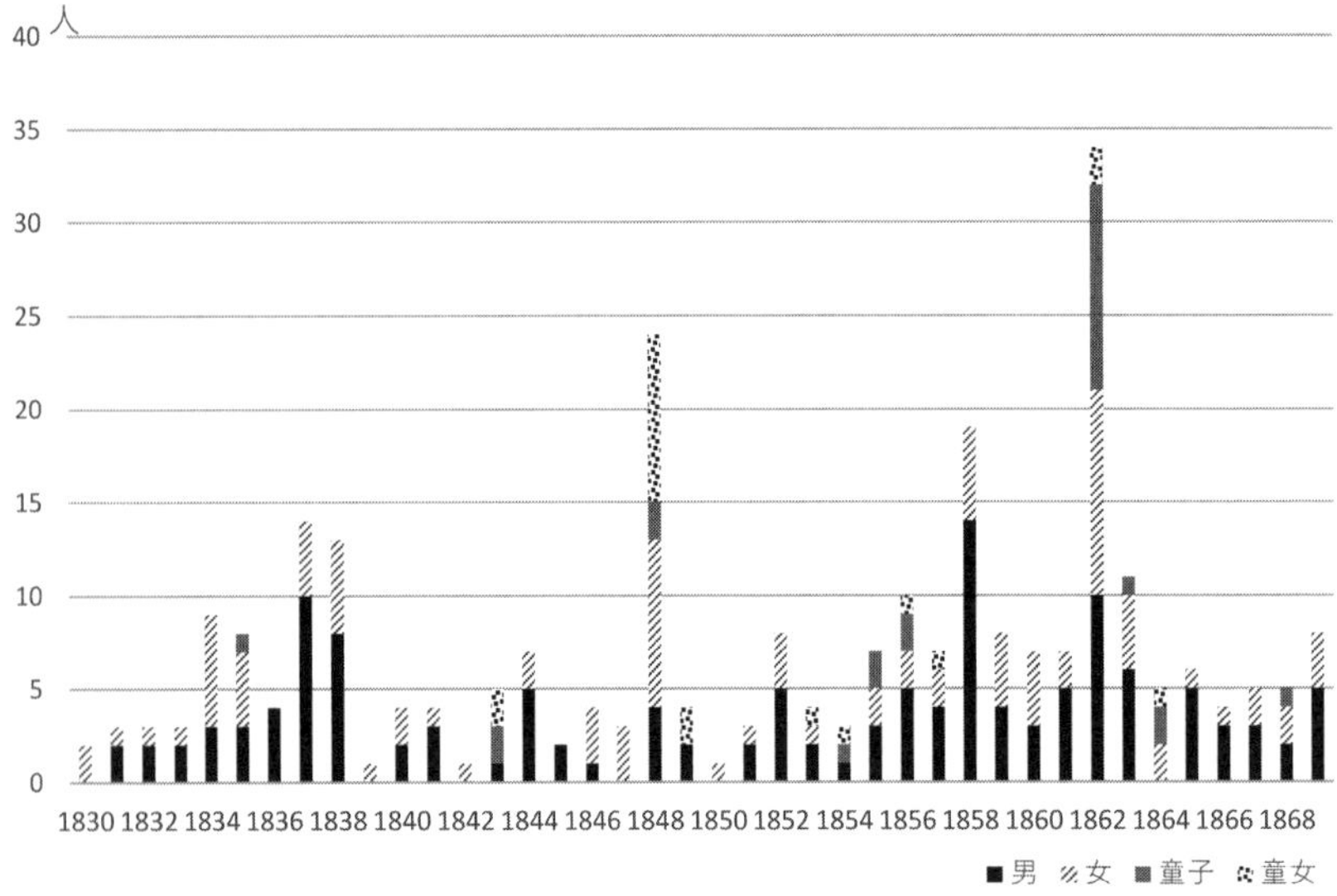

図 9　慈眼院檀家の性別・年齢別死者数の推移（1830-1869）
成人男性死者数 136 人、成人女性 99 人、童子 25 人、童女 20 人、合計 280 人、
平均 7.0 人 / 年

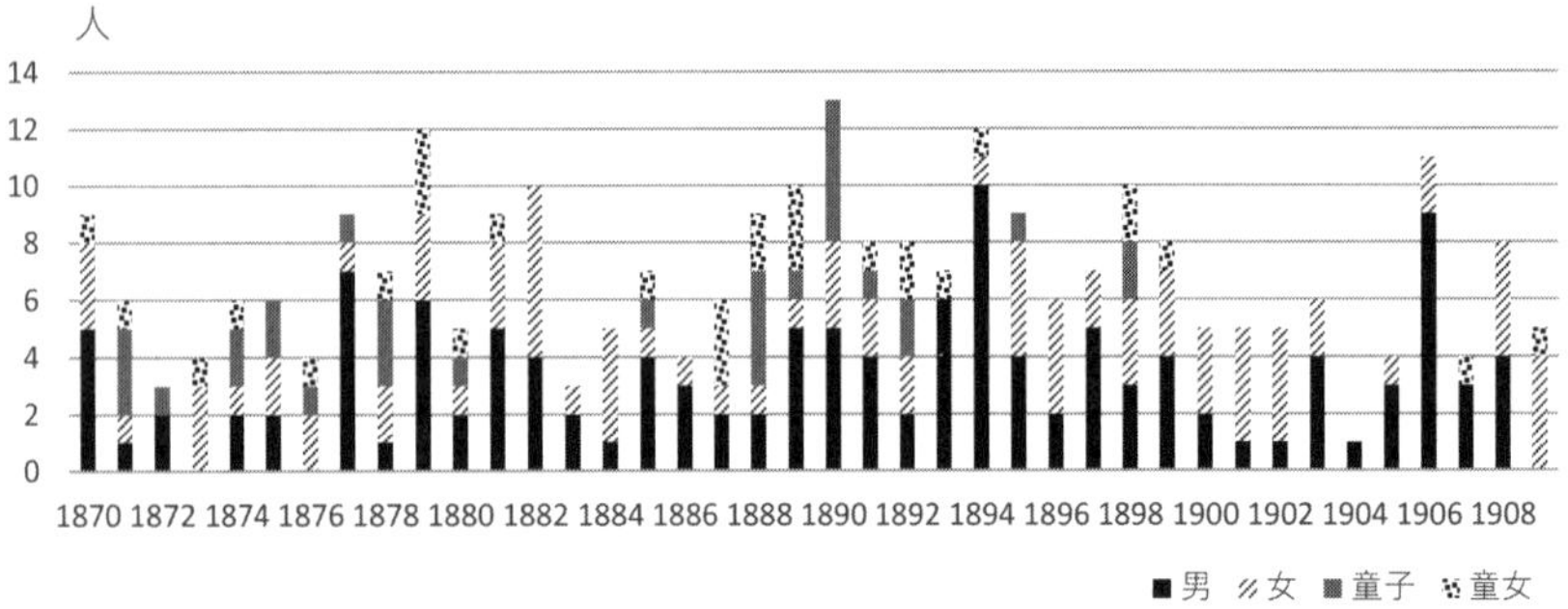

図 10　慈眼院檀家の性別・年齢別死者数の推移（1870-1909）
成人男性死者数 129 人、成人女性 86 人、童子 31 人、童女 30 人、合計 276 人、
平均 6.9 人 / 年

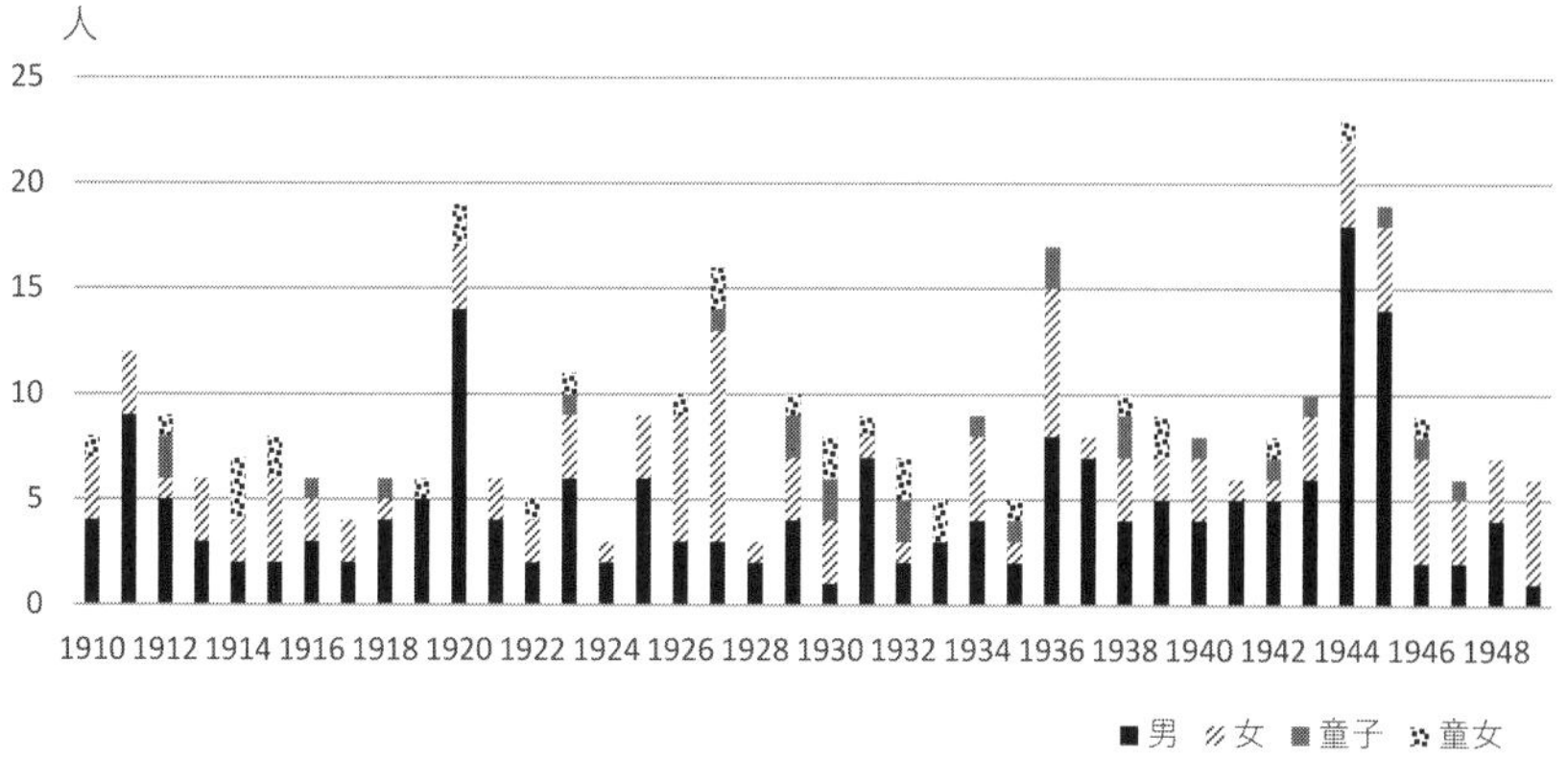

図11　慈眼院檀家の性別・年齢別死者数の推移（1910－1949）
成人男性死者数189人、成人女性110人、童子24人、童女30人、合計353人、平均8.8人/年

おいては平均死者数の倍以上亡くなった年は1度もなく、毎年ほぼ一定数を保っていたのに対して、幕末期は倍以上亡くなった年が3度もあった。1848年（嘉永元）24人、1858年（安政5）19人、1862年（文久2）34人の3年であり、嘉永元年は死者24人中5月3人、6月6人、7月11人、8月2人、10月と11月に1人ずつで、6、7月の2カ月に集中していた。しかもその半数が童子・童女（15歳以下の子供）であった。明らかに伝染病であろう。1858年（安政5）も8月に集中して12人亡くなっていた。子供の死者が1人もいなかったのが不思議であるが、やはり伝染病であろう。1862年（文久2）はこの120年間で最大の死者数を出した年で、これはハシカ・コレラが流行した年である。7月（9人）と8月（21人：内4人は閏8月）に集中していた。

　大正・昭和前期の40年間は、前2者の時代とは異なり、年平均で2名の割合で死者数が増えている。海蔵寺の住職によれば、檀家数の増加はそれほどなかったとのことなので、戦争の時代にあって出生数も多く、したがって死者数も多くなったのであろうと、まずは推測しておきたい。それにしても男性の死者数が多い。1920年（大正9）には14人の男性が亡くなっている。内12人が6月5日に亡くなっており、戒名に皆「海」の字が記されていたので明らかに海難事故であった。そう推測するまでもなく、最後の男性死者名のあとに「以上六月五日ノ精者ハ三宅島ニテ遭難シタルモノナリ」と記されていたから海難事故死であった。1944年、45年の男性死者はいずれも太平洋戦争による戦死であった。

慈眼院過去帳は、今まで閲覧した40カ寺の過去帳に比べて、死因が（すべての人についてではないが）詳細に記されているのが特徴となっている。津波の犠牲者を確認したいというのが、今回の伊豆半島の伊東・沼津での寺院訪問の大きな目的であった。具体的には1854年（安政元）の大地震の際にどうであったかを知りたかった。

嘉永7年11月27日に「安政」に改元されたので、以後嘉永7年は安政元年と言われるようになった。その安政元年11月4日（1854年12月23日）に安政東海地震が発生し、その際にロシアからきたプチャーチンのディアナ号が津波で遭難した。翌日の11月5日に安政南海地震が発生した。嘉永6年の6月3日にペリーの黒船が浦賀に来たり、6月15日に伊賀上野地震が起こるはで、「安政」に改元されたものの、安政2年10月2日に安政江戸地震、同3年7月23日には安政八戸沖地震、同5年2月26日に飛越地震が生じるなど、地震の恐怖を払拭することはできなかった。そして安政の大獄が5年9月5日に始まり、7年3月3日に桜田門外の変で井伊大老が暗殺された。元号を裏返すような地震と政変の時代であった。

ところが、伊東市川奈の海蔵寺・慈眼院の両寺院における安政年間の死者数は1858年（安政5）を除いて、ほぼ平均の7、8人であった。1854年（安政元）の東海地震の際も津波は来たものの犠牲者はなかった。1858年（安政5）は両寺院ともに平均の倍以上の死者が出ているが、8月に大半が亡くなっている。恐らく伝染病であろう。

ここで、安政年間を離れて、慈眼院の過去帳での地震・津波記載を探してみよう。海での遭難死、戦死、死産が圧倒的に多い中で、1912年（大正元）と1923年（大正12）にでていた。以下の通り。

＊1912年（大正元）7月31日と10月2日の死者記載の間に記載

・九月一日午前四時頃ヨリ北風大波（**海嘯**：ツナミ、トイフ）起リ午後ニ到リテ止ム四時頃マテ祖家全潰四戸半潰十二戸巳内ニ対スル損害場所堤防長三十五間宅地崩壊三十八ケ所道路百十二間船舶破潰大小五十四艘家屋浸水家具其他ノ流失到底細密ニ調査シ難シ幸ニ寺院ハ波浪ノ侵入無カリシモ一般避難者ヲ収容シタルヲ□テ多大ナル損害ヲ被ムレリ石井清五郎ノ座敷ヘ舟上リ石小浦ノ地内ヘ大舟カ上ル当山下ノ海岸破壊シ多舟四艘破壊其音□浪ト共ニ大雷ノ如シ

＊1923年（大正12）：9月1日に3名、9月3日に1名が関東大震災により死亡

・17歳の女性：東京市外ノ某紡績会社ニテ女工ヲ務メ居タリ震災ニテ死亡遺骨来ル

・51歳の女性：右ニ□ハ震災当日伊東町□□美汽船扱所ニテ営業中**海嘯**ノ為メ付近ニテ溺死ヲトゲ遺骨ハ火葬ノ上当山ニテ同月十四葬儀執行ス……
・男性：震災当時東京日本橋高根屋藤吉宅ニ勤メ中罹災シ火災ノ為メ焼死シタルモノト見做サル行衛不明ナリ
・26歳の女性：小室村駐在所巡査伊藤清五郎氏ノ養女ナリ　震災当日伊東町ニ出張中**海嘯**ノ為メ海水ヲ多量ニ飲ミ同月三日高安医院ニテ死亡

津波から逃れるにはどうしたらいいかを3・11以降考えているが、旅先で津波にあったらどうするか、その対策も今後考えていかねばなるまい。上記最後の女性は出張先で津波にさらわれている。今回伊豆半島を一周したが、いずこも集落のすぐ背後が山になっている。大揺れを感じたら山に逃げることが一番でしょう。ただし、お年寄りのためには自宅の中のやどかり部屋が必要でしょう。

それぞれの地域、場所での災害予知能力をはぐくむ教育を地理学での「地域環境史」研究の大きな柱にしよう。

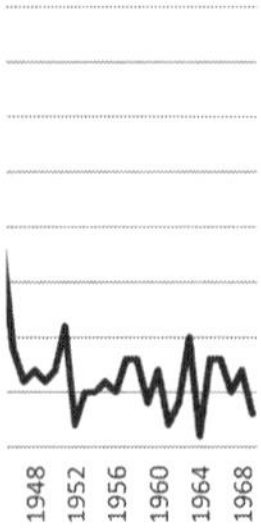

（3）静岡県沼津市——住本寺と山津波

２０１３年７月27日午後、伊東市川奈の海蔵寺での調査を

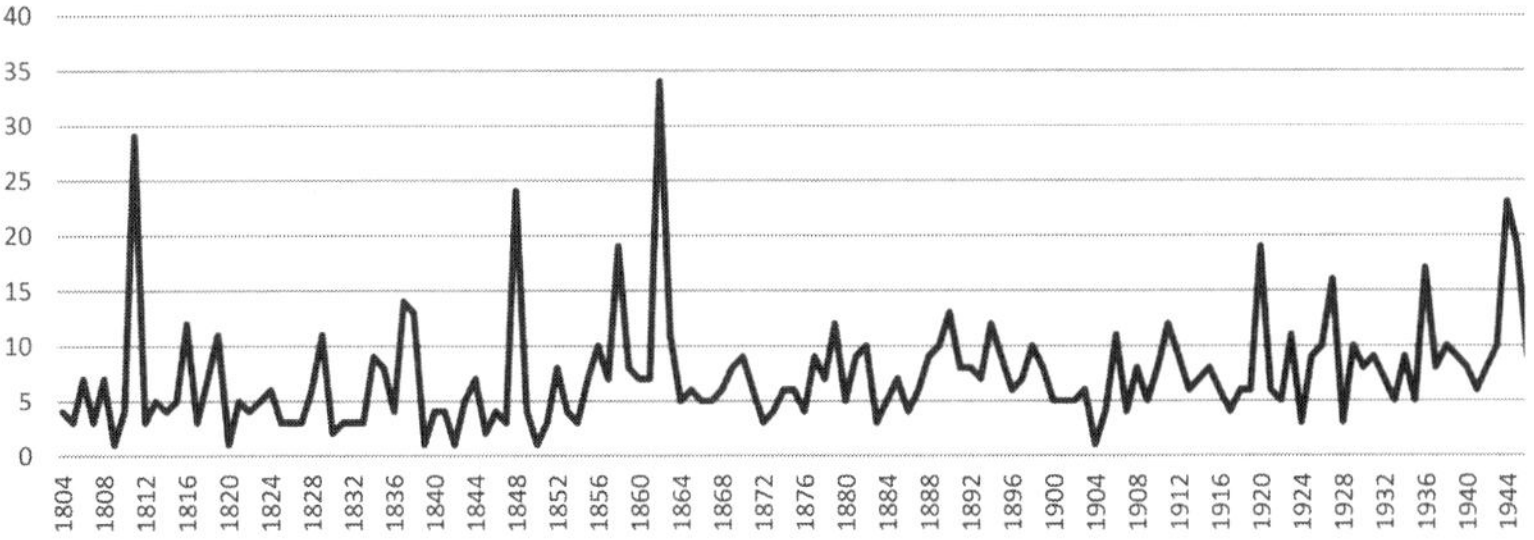

図12　住本寺檀家の死者数の推移（1707-1950）　年平均死者数 3.1 人

済ませて3時過ぎに失礼し、半島を横断して沼津市内浦の住本寺に向かった。4時半に到着。ご住職は元高校の校長先生、郷土の歴史と災害のお話をうかがってから過去帳を見せていただく段になって、ご住職から「個人情報でお見せできない箇所があるので」といわれ、残念ではあったが、過去帳の現物は閲覧できなかった。ところが、嬉しいことに、ご住職が過去帳を戒名と個人名抜きで記載順に表にして作成していてくださり、それを謹呈いただいた。

その表を拝見して性別・年齢がなかったので、戒名の中の成人男女を示す「信士・信女」等、子ども男女を示す「童子・童女」を表に加筆させていただけないかをお願いしてみた。それならいいでしょうということで、ご住職用が作成されていた戒名入りの別表を見せていただいた。これを中村氏と手分けして写すことにした。その際助っ人として2人の吉原高校2年の女子学生が、読み上げ役として手伝ってくれた。彼女たちは、中村氏の前任校の同僚の先生から歴史実習の勉強になるからといって勧められ、われわれの過去帳調査に参加してくれた殊勝な女子高生であった。彼女たちに感謝したい。

過去帳記録の初出が１５２０年（永正17）で、とてつもなく古かったが、17世紀中は欠年（死亡者なし）が多く、１７１９年（享保４）までは、死者数が１人か２人だった。

全期間４３１年間での年平均死者数は１・８人で、欠年が複数年続かなくなった１７０７年（宝永４）以降、１９５０年（昭和25）までの２４４年間では３・１人であった。その間の死者数の推移を示したのが図12である。明治以前（１７０７〜１８６７）では２・７人、以後（１８６８〜１９５０）では４・１人と増加している。ご住職によると、檀家数は江戸時代後半から現在まであまり変わることなく小規模で30戸くらいであったそうだ（現在32戸）。

図１３　宝暦山崩れの供養塔

私の「１８５４年（安政元）の地震・津波の被害は大きかったでしょうか」という質問に対して、ご住職から「いや、その際の被害はほとんどなかったのですが、ここは１７５１年（宝暦元）の山崩れで全滅しました」との答えが返ってきた。１８５４年（安政元）の死者数が４人であったのに対し、１７５１年（宝暦元）は12人であった。その前後の10年間の年平均死者数の９倍も出たとあっては想像を絶する災害であった。その供養塔が門前にあり（図13）、寺院縁起石板（図14）にも記され、中興の祖日応が復興に尽力した。

ご住職に崩れた寺院の裏山を案内していただき（図15）、鍬を持ち土木工事に精を出す日応像を御開帳して見せてくださった（図16）。図17は本堂で日蓮上人に合掌する女子高生の2人。

住本寺縁起に1321年（元亨元）創設、その後真言宗から日蓮宗に改宗したことが記された後、「宝暦元年六月二十六日、伊豆を襲った豪雨のため山津波が発生し、諸堂はことごとく崩壊し、時の住職第十六世日等上人も村人三十二人と共に横死せり　第十七世日応上人は艱難辛苦の歳月をかけ、境内地を整地し諸堂を見事復興せり　故に、上人を当山中興の師となす」。過去帳

図14　住本寺縁起石板

図15　本堂を直撃した裏山へ

図16　中興の祖日応上人像

図17　本堂で日蓮上人をお参り

図18　大川家長屋門

によるとその年の死者11人すべてが6月26日であった。

この村、内浦長浜の最大の危機（死者数13人で宝暦元年を上回った年）が1858年（安政5）であった。8人が8月に亡くなっているから、台風か疫病か、その両者が原因であろう。その他の危機として死者が10人以上の年をあげておこう。1844年（弘化元）：11人中7人が10月、内6人が子供。ゆえに疫病か。1938年（昭和13）：10人、死因は不明、1945年（昭和20）：10人中7人が成人男性。ゆえに戦死。

帰りしなに、ご住職から「大川家長屋門」を見るよう勧められたので、その門の前で撮影したのが図18。案内板の説明によると、「天正十八年豊臣秀吉による小田原攻めの際、長浜城に籠城を命ぜられた大川兵庫之助の後裔と伝えられる津元大川家の威容を示すにふさわしい長屋門です」とあり、それに続いて、次の興味をそそられる文面があった。「また、この長屋門には戦国期から近代に至る膨大な漁民史料が残されており、昭和七年、当時の財界人であり民俗学者でもあった渋沢敬三氏により発見され、昭和十二年『豆州内浦漁民史料』として刊行されるなど歴史的意義と背景を持った建造物でもあります」

（4）静岡県富士市――ディアナ号がやってきた！　日本人とロシア人に生まれた心の絆

吉原高校の中村勝芳教諭（現浜名高校）が学生たちと作成した絵本『ディアナ号がやってきた！――日本人とロシア人に生まれた心の絆』富士市日ロ友好協会、２０１０年（ロシア語訳付。

図19　ロシア語訳付絵本『ディアナ号がやってきた！』

折口信夫賞受賞）が出版された。１８５４年（安政元）の大地震の際に、下田湾に停泊していたロシア船ディアナ号は津波で海上をさまよい富士の田子の浦の方に流されてしまったが、それをみた地元民が、自分たちも被災者なのに、約５００人のロシア船員を助け出し、食料や衣服を与え温かくもてなしました、という内容である。表紙と救助場面３コマを載せておこう（図19）。

今回の東日本大震災の救済で、とかく遅れがちな行政援助を待つことなく素早く救援活動をおこなったお寺、ボランティアについては随時紹介したが、その中で山田町の住民が難破したオランダ船を助け、その後交流が続いているのと同様、富士市

でも、安政津波救援以後、ロシアのプチャーチン関係者との交流が現在も続いているとのこと。心打たれる話であった。

（5）高知県黒潮町——大津波襲来の危険度が最も高い黒潮町の民宿にて

2015年2月10日からの香川大学での国際会議の4、5日目は、水をめぐる香川県高松市～高知県黒潮町の1泊エクスカーションであった。満濃池と祖谷渓見学の後、黒潮町佐賀の民宿海生丸（図20）に着いたら3人の女将に熱烈歓迎を受けた。図21の右端の方が「海生丸」の女将で、中央と左の方も自宅で民宿をなさっている。1軒で4、5人しか泊まれないので、訪問者11人は3女将の民宿に分宿した。カーンさん（バングラデシュのNGOグラムバングラの主催者）と村山さんと私は真ん中の方の民宿「なぶら」に泊まった。

まずは7時半に「海生丸」で全員そろって夕食をいただいた（図22）。かつおのタタキはもちろん、数種類の新鮮なお刺身がでて、皆大満足。ただモンゴルの女性2人は生魚が食べられなく

図20　民宿「海生丸」

図21　「海生丸」の女将（右）

図22　民宿で炉を囲む

図23　浜町等さんと釣り針を手にしたカーンさん

て可哀想だったが、湯がいてくださったので、にっこりと舌鼓を打っておられた。

9時に夕食は終わったが、飲んべえさんらはそれで終わらない。慰労の意を兼ねて、寺尾さんと石塚さんをわれわれの民宿「なぶら」に招いて、炉を囲んでさらに1時間歓談した。イカをあぶってくださり、もち米と米が半々の珍しいお餅（そやし）を焼いていただくなど、至れり尽くせりであった。

ご主人の浜町等さんは漁師で宮総代を務めていらっしゃる。長期海洋へ出かけての漁は数年前に引退されたが、現在でも毎朝1人乗り1トンの船で漁をされている。釣竿を使わず、ただ糸を垂れるだけだが結構水揚げがあるとのこと。カーンさんと同年で息が合い、しかもお酒は飲まれないので話が弾んだ。バングラでも漁業が盛んということで、等さんは手作りの釣り針をプレゼントされた（図23）。

しばらくして、「いとこの息子がカツオの水揚げで2年連続日本一になって、テレビ放送された。そのビデオをお見せしましょう」といって映し出されたのがＮＨＫの「プロフェッショナル仕事の流儀」（２０１４年11月10日放送）であった。タイトルは「開拓せよ、最強の一本釣り」、主人公はカツオ漁師、明神学武《みょうじんまなぶ》40歳。画面でいい言葉があったのでメモした。他の船が行かないところを狙っていくときのことば、「**わからんき、おもしろいがよ**」。苦境に陥ったときの奥さんの言葉もいい。「**あんたは、あんたやけん、自分が思い通りやったらいい**」。

「学武君は今年も1月中旬に出港したよ。23人の船員とともに。11月いっぱい帰ってこない」と等さん。その等さんも中卒ですぐ漁師になり、1年目はかしき（炊事係）で15人分の食事を4時に起きて作った。2年目は中まわり（雑用係）で、この2年間は漁をさせてもらえなかったという。やはり300日間は帰ってこられなかったそうだ。ここで奥さんが新婚時を思い出しておっしゃった。「結婚してすぐのときは涙が出ました」と。でも、続けて、3、4年たって馴れたら、「行ってくれて、せいせいしました」ですって。結婚されて50年、仲むつまじきご夫婦です。会話していて場がなごみました。

水揚げは、日本のほとんどの港でおこなったが、気仙沼がいちばん多かったかな、という話を聞き、私の出番が多くなった。4年前の東日本大震災がらみの話をついついしてしまった。午前零時をまわって皆さん床につかれ、話し相手は私1人になったのだが、高齢者や病人を津波から救うには、高台へ逃げるには時間がかかるので、家の中に隠れ部屋（半地下シェルター）を設けるべきですという「**やどかりプラン**」をお話しした。

今までこの話をすると、大半の人は「水の中に閉じ込められることなんかできない」と否定的だったが、ここでは意外なことに、ご夫婦そろって、「今まで専門家が何人も来られて、避難対策を講じられたが、こんな話は聞いたことがありませんでした」と賛同してくだされ、「目から

図24　城山避難広場への階段

図25　城山避難広場（31 m）から鹿島浦の眺め

うろこが出ました」とおっしゃった。
近い将来、30mを超える日本最大の津波が押し寄せるところが黒潮町だと報道されたこともあり、町民の誰もが不安になっている。町当局は旧城跡まで階段をつくって避難ルートを設けた。民宿「なぶら」からは、お年寄りでも、階段下まで5分前後で到達できる。**「でもね、私たち、あと10年したら、とても歩いていけません。家の中に避難場所があったらどんなにありがたいことか**」と言ってくださった。

詳しい説明のため話が長くなり、私が床に着いたのは午前1時をまわっていた。

翌朝、等さんの案内で、町の避難階段をのぼった（図24）。これは80歳過ぎたら無理だろうと思った。等さんによると、黒潮町佐賀地区には3部落あり、明神部落120戸、開所80戸、浜町150戸で、人口は減ったが戸数はそれほど減っていないという。標高31mの城山避難広場から、お年寄りが多い3部落の人々が無事でありますようにとの願いを込めて、写真を撮った（図25）。

付章2　「やどかりプラン」の勧め

本書編集にあたって、訪問時期別に章を構成し日記風に記述してきたが、振り返ってみると、半地下シェルターである「やどかりプラン」が随所で顔を出し、頭の中でその補強策を考え続けてきたことがわかる。

そこで、本書の最後に、津波をはじめとする災害対策として、生き延びるための「やどかりプラン」を推奨すべく、その発想から応用まで簡潔にまとめておきたい。

東日本大震災（2011年3月11日）の3カ月後に現地を訪問し、居住地区がすべて流された凄まじい光景を目の当たりにして目を覆ったが、流された家の土台となる50㎝ほどのコンクリート枠が残っているのに気がついた。このコンクリート枠内に寝そべるなり、うずくまっていたら、流されずに生き延びられたのではないか、とひらめいた。各家に半地下シェルターをつくればいいのではと思った。

このアイデアを披露した際、ほとんどの方から「海の中にもぐってなんていられません」と大反対をうけた。それでもそのアイデアを捨てきれず、「津波の水は3時間ほどで引いていきました」との声が現地で多かったので、閉じこもっているのは短時間ですむと説得できそうだ。すぐに高台に逃げろといわれても老人、幼児、病人は無理だから、やはり家の中に逃げ場が必要だ、というのは納得していただけるだろう。家は流されても流されない一部屋をつくるだけなら予算はそれほどかからない。

名称は世界的に通用する「シェルター」でもよかったが、久慈市の水族館で見た「やどかり」にあやかって、子供さんも親しんでいただけるために「やどかり部屋」とか、「やどかりプラン」と名づけた。久慈駅前にあるこの水族館の正式名称は「もぐらんぴあ まちなか水族館」で、さかなクンも応援してくれているし、海にもぐる楽しさを教えてくれる。

私の話を聞いて、名大地理研のマンガ家でもある浅野美紀さんが、素敵な「やどかりプラン」を書いてくれた（左図）。これがあれば子供にもお年寄りにも喜んでもらえそうだ。どんどん改良して「やどかりの家」じゃないと住みたくない！　というところまでもっていきたい。

海中やどかり案は若者用である。地理研の必須授業として取り入れましょう。夏休みの実習旅行先は沖縄。初日に全員スキューバダイビング講習会に出る。5分以内にウエットスーツを着て海に飛び込むことができたら合格。本番では、予備のウエットスーツを同居している家族（老人、子供）に付けてあげねばならないので、その練習もしておく。問題はこの恰好で何分／何時間水中に耐えておられるかである。津波の引き波が去るまでの我慢である。引いてしまえば流される

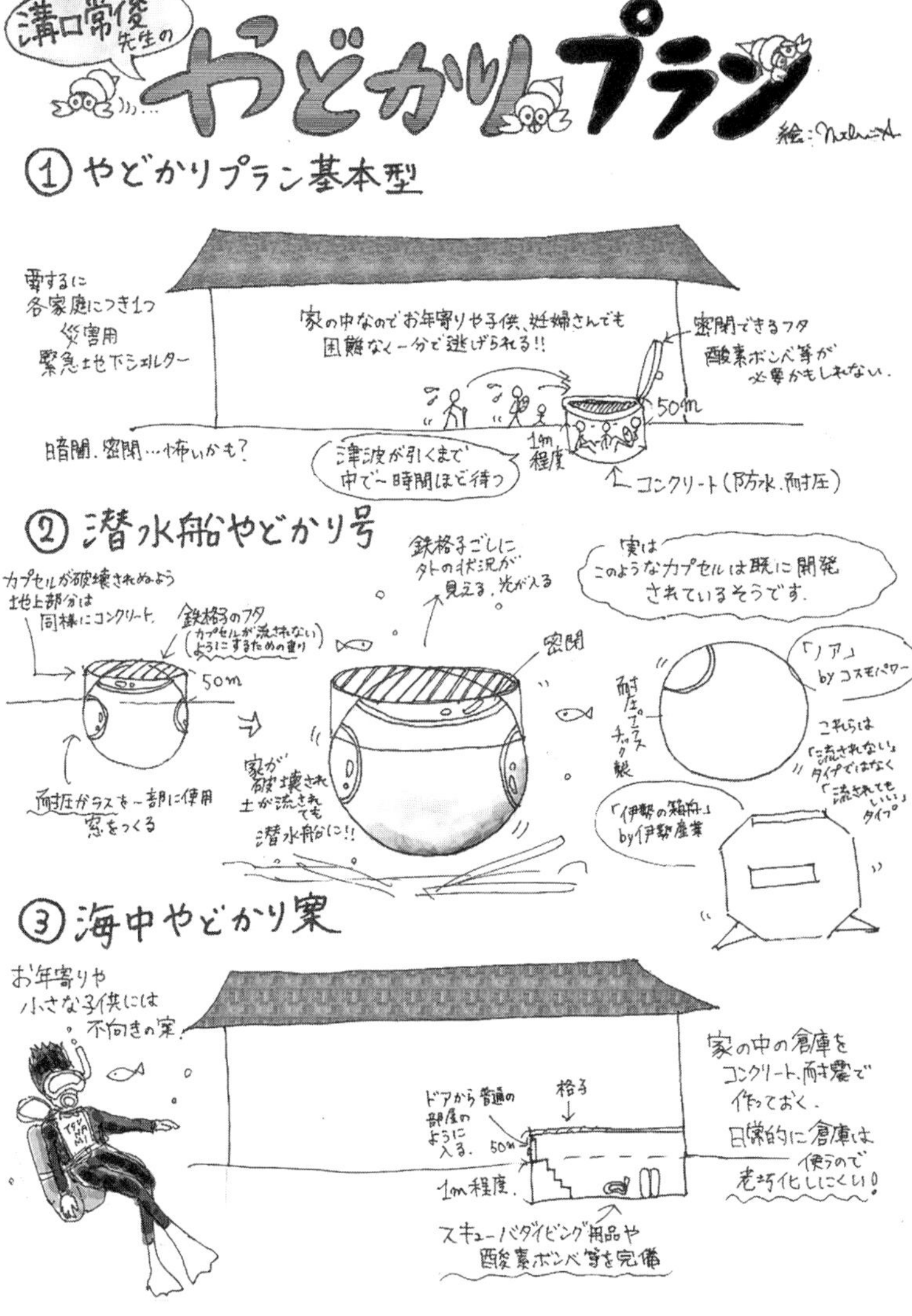
溝口常俊先生の
やどかりプラン
①やどかりプラン基本型
要するに
各家庭につき1つ
災害用
緊急地下シェルター
家の中なのでお年寄りや子供、妊婦さんでも
困難なく一分で逃げられる!!
密閉できるフタ
酸素ボンベ等が
必要かもしれない。
50cm
1m
程度
暗闇、密閉…怖いかも?
津波が引くまで
中で一時間ほど待つ
コンクリート(防水、耐圧)
②潜水船やどかり号
鉄格子ごしに
外の状況が
見える。光が入る
実は
このようなカプセルは既に開発
されているそうです。
カプセルが破壊されぬよう
地上部分は
同様にコンクリート。
鉄格子のフタ
(カプセルが流されない
ようにするための重り)
50cm
密閉
「ノア」
by コスモパワー
耐圧プラスチック製
これらは
「流されない」
タイプではなく
「流されても
いい」
タイプ
家が
破壊され
土が流されても
潜水船に!!
耐圧ガラスを一部に使用
窓をつくる
「伊勢の箱舟」
by伊勢産業
③海中やどかり案
お年寄りや
小さな子供には
不向きの案。
TSUNAMI
家の中の倉庫を
コンクリート、耐震で
作っておく。
日常的に倉庫は
使うので
老朽化しにくい!
格子
ドアから普通の
部屋の
ように
入る。
50cm
1m程度。
スキューバダイビング用品や
酸素ボンベ等を完備

こともないので浮き袋か何かにつかまって近くの陸地なり建造物へ泳いで行けばいい。

お年寄りがいたら、潜水船やどかり号の方がいいかもしれない。2人用で30万円程度だから、各家庭に常備できよう。引き波が引いたら浮かびあがれるように考えよう。水位が50㎝以下になるのは何時間何日後であろうか。おそらく1日後には大半の地がそうなっているであろう。その間やどかり生活を楽しめばいい。

このやどかりプランを、さらに勧めていきたいと思うのは、津波対策だけでなく、日本各地で毎年のように発生して、多くの人の命を奪っている土砂災害、火山噴火災害などからも、そこに「やどかり部屋」があったら命を救ってくれると確信できるからである。政府は、災害危険区域に指定されている居住者宅に、素早く「やどかり部屋」をプレゼントしていただきたいと思う。

参考文献

井上ひさし『吉里吉里人』新潮社、1985年、43ページ
岩手日報社編『いわて旅街道』2003年、44ページ
河北新報社編『私が見た大津波』岩波書店、2013年
河田恵昭関西大学大学院教授案（「河北新報社」2001年4月13日）
木股文昭『三連動地震迫る―東海・東南海・南海』中日新聞社、2011年
木村悌郎『時空を超えた絆―山田浦から始まるオランダ交流物語』岩手復興書店、2013年
静岡県立吉原高等学校「世界の子どもの心を繋ぐ物語を作る会」作絵 加藤昭夫／中村勝芳編著・監修『ディアナ号がやってきた！―日本人とロシア人に生まれた心の絆』富士市日ロ友好協会、2010年
司馬遼太郎『街道をゆく3 陸奥のみち、肥薩のみちほか』朝日新聞社、2003年
『写真特集 津波―Document2011.3.11』宮古商工会議所、2011年、64ページ
瑞巌寺／志波彦神社／鹽竈神社／東北歴史博物館編『塩竈・松島―その景観と信仰』2008年
舘花久二男『ケガヅの話』年不詳
田村剛一『3・11大震災私記』山田伝津館、2014年、92ページ
東北大学大学院経済学研究科 地域産業復興調査研究プロジェクト編『東日本大震災復興研究』I―IV、2012～2015年
名古屋大学地理学研究室編『1999年度地理学野外実習報告 石巻』2003年
名古屋大学環境学研究科『名古屋大学環境学研究科教員の見た東日本大震災』2012年
名古屋大学環境学研究科『名古屋大学大学院環境学研究科教員・学生の見た東日本大震災』2013年

名古屋大学環境学研究科『講義 歴史資料から見た災害列島日本に対する法科大学院生の意見』2015年
八戸市観光課『三陸ジオパーク　八戸フィールドノート』2015年、83ページ
原強／岩松暉『東日本大震災津波詳細地図』上巻、古今書院、2011年、58ページ
溝口常俊「『鮫御役所日記』から見た天明飢饉と漁村―八戸藩の場合」『立命館大学人文科学研究所紀要』87、2006年、161―179ページ
溝口常俊「東日本大震災被災地の景観変遷と災害対策案」、金田章裕編『景観史と歴史地理学』吉川弘文館、2018年、323―353ページ
柳田国男「雪国の春」『柳田国男全集2』ちくま文庫、1989年、116ページ
山田マチ『山田商店街』幻冬舎、2009年、74ページ
吉野正敏「東日本大震災における津波による人的被害」地球環境 Vol.18、No.1、13―22ページ

おわりに

三陸リアス式海岸沿いの狭い平野に密集していた居住地は2011年3月11日の震災・津波で瓦礫の山となった。その後の10年間、政府、民間の尽力もあり、めざましい復興をとげた。2022年10月の訪問時、その地はゴミ一つないすっきりした造成地になっていた。海岸沿は新堤防が延々とつづき、平野部はかさ上げ地、広場、公園、倉庫が目立つ景観になっていた。

ところがこの景観には、住民という主人公が欠けていた。被災者の多くは元の地に帰ってくることはなく、かさ上げされた台地を居住地にとの行政側の目論見は実現されていなかった。住む身になってみれば数メートルほどかさ上げされたところで、今回の津波は十数メートルに及んでいるので不安は解消されず、しかも巨大な堤防が視界を遮り、海が見えなくなっていては、住む気になれないであろう。

さて、我がつたない震災後10年間の日記をあえて書物にして多くの方に知っていただこうと思ったきっかけは、付章で記した高知県黒潮町の民宿で70代のご夫婦が、町がつくってくれた高台への階段まで行くのも大変、登るのも大変なので、家の中に逃げ場があったらありがたいと「やどかりプラン」に大賛成してくださったことである。「とにかく逃げなさい」「早く逃げなさい」といわれても、逃げられない人がたくさんいる。こうした災害弱者の方々をなんかせねばならない、という思いで公表することにした。

ここで、被災地訪問時に、初対面ながら道中で出会った方々、喫茶店や道の駅の従業員の方々、そしてとくに各町のご住職の方々に、快く話し相手になってくださったことに、心よりお礼申し上げたい。また訪問の際に同行して聞き取りを手伝ってくれた土屋純氏（現、関西大学教授）、渡辺和之氏（現、阪南大学教授）、中村勝芳氏（現、浜名高校教諭）、村山聡氏（香川大学名誉教授）に感謝したい。土屋氏は大船渡で老舗宿を流された旅館の女将を、渡辺氏は放射線被害が大変だった双葉町の高校教師を、そして中村氏は、静岡県であるが、過去の津波に遭遇した寺院を紹介をしてくださり、わが日記に厚みを持たせてくださった。村山氏は東北だけでなく四国での被災地巡りに付き添って、ローカルな環境史研究の必要性を説いてくださった。

最後になったが、風媒社の林桂吾氏にも感謝したい。わが下書きを一読して、「戦争、コロナなどで閉塞感が漂う現状にあって、地理学的な思考は具体的なものゆえ、誰もが親しみやすいと思います。**いまこそ地理学の出番です！**」と励ましてくださり、本書の題名を『生き延びるための地理学─東日本大震災　被災地で考えたこと』ではと提案してくださった。東北被災地の方々が「生き延びるために」にいかに知恵を絞っていらっしゃるかを知った巡検でもあったので、本書題名に使わせていただきました。

溝口常俊

［著者紹介］
溝口常俊（みぞぐち・つねとし）
1948年、名古屋市生まれ。1979年、名古屋大学大学院文学研究科博士課程単位取得退学。現在、名古屋大学名誉教授。専門は歴史地理学、地域環境史、南アジア地域論。博士（文学）
主な著書・論文に『日本近世・近代の畑作地域史研究』（名古屋大学出版会）、『歴史と環境―歴史地理学の可能性を探る』（編著、花書院）、『古地図で楽しむなごや今昔』（編著）、『明治・大正・昭和　名古屋地図さんぽ』（監修）、『古地図で楽しむ尾張』（編著）、『名古屋の江戸を歩く』（編著）、『名古屋の明治を歩く』（編著）、『名古屋ご近所さんぽ』（編著）、『愛知の大正・戦前昭和を歩く』（編著、以上 風媒社）などがある。

カバー写真＝大川小学校の壁画（本書184ページ参照）

生き延びるための地理学　東日本大震災 被災地で考えたこと

2023年5月10日　第1刷発行　（定価はカバーに表示してあります）

著　者　　溝口 常俊

発行者　　山口 章

発行所　名古屋市中区大須1丁目16番29号
電話 052-218-7808　FAX052-218-7709
http://www.fubaisha.com/
風媒社

乱丁・落丁本はお取り替えいたします。　＊印刷・製本／シナノパブリッシングプレス
ISBN978-4-8331-3187-2